영어시험 만점받는
초등 주제별 영단어

지은이 **김주영**

지은이는 학생들이 '선생님, 영어가 정말 재미있어요!'라는 말이 제일 듣기 좋다는 똑부러지는 선생님이다. 주입식 영어교육은 이제 그만! 어린이들이 쉽고 재미있게 영어를 배울 수는 없을까? 어떻게 하면 영어에 흥미를 가질 수 있을까? 매일이 고민인 영어 선생님이자 열혈 엄마로서, 재미없는 수동적 영어 공부가 아닌 다양한 자료를 활용한 능동적이고 재미있는 영어 학습서 개발에 힘쓰고 있다.

저서

엄마가 골라주는 초등 알파벳 파닉스
엄마가 골라주는 끼리끼리 초등 영단어
영어시험 만점받는 초등필수 영단어 1000
영어시험 만점받는 초등 영단어 사전
영어시험 만점받는 초등 영어일기 패턴
영어시험 만점받는 초등영어 스피킹 패턴

영어시험 만점받는
초등 주제별 영단어

2021년 7월 15일 초판 1쇄 인쇄
2023년 4월 20일 초판 9쇄 발행

지은이 김주영
발행인 손건
편집기획 김상배, 장수경
마케팅 이언영, 유재영
디자인 이성세
제작 최승용
인쇄 선경프린테크

발행처 *LanCom* 랭컴
주소 서울시 영등포구 영신로34길 19, 3층
등록번호 제 312-2006-00060호
전화 02) 2636-0895
팩스 02) 2636-0896
홈페이지 www.lancom.co.kr

ⓒ 랭컴 2021
ISBN 979-11-89204-87-7 63740

이 책은 이렇게 만들어졌어요~~

단어를 모르고 영어를 공부한다는 것은 벽돌도 없이 집을 짓겠다는 이야기죠. 단어가 모여 문장이 되는데... 한 문장의 의미를 이해하기 위해서는 문법도 알아야 하지만, 우선 각 단어의 의미를 알아야 영어를 제대로 이해할 수 있어요. 이 책은 초등학생이 공부하기 쉽도록 영단어를 주제별로 다음과 같이 꾸몄어요.

1. 한눈에 알아보기 쉽게 주제별로 단어를 모았어요.

단어를 익히면서 흥미를 돋우고 지루하지 않도록 영어를 시작할 때 알아야 할 단어, 집에서 볼 수 있는 단어, 먹는 것에 관련된 단어, 학교에서 볼 수 있는 단어, 도시에서 볼 수 있는 단어, 자연에서 볼 수 있는 단어, 품사별로 익히는 기본 단어로 크게 7개의 파트로 분류하고 각 파트에는 총 85개의 유닛으로 나누어 세분화했어요. 이 책에 주제별로 수록된 단어는 총 1,680개로 초등학교생이면 누구나 알아두어야 할 단어예요.

1. 3번씩 반복해서 확인할 수 있도록 각 단어 앞에 체크박스(☐)를 두었어요.

2. 표제 단어를 크고 굵은 글자로 표기하여 그림처럼 암기하기 쉽도록 했어요.

3. 모든 표제 단어에는 발음기호를 표기했으며, 그 발음기호를 정확히 모르더라도 누구나 쉽게 읽을 수 있도록 한글로 표기했었어요. 물론 무료로 제공하는 MP3에는 원어민이 두 번씩 반복해서 들려주므로 정확한 발음을 익힐 수 있지요.

4. 단어의 뜻은 각 유닛의 주제에 맞도록 간결하게 두었어요.

2. 즉석에서 바로바로 확인할 수 있어요.

그림을 보고 알맞는 단어를 연결하기, 단어의 뜻을 직접 써보기, 쉽고 간단한 예문을 통해 알맞는 단어를 넣어보기를 통해 맞쪽에서 익힌 단어를 잘 익혔는지 바로바로 확인해볼 수 있어요. 일단 맞쪽 단어를 보지 말고 체크해보세요. 해답은 별도로 책 뒷편에 두었어요.

3. 교육부지정 초등 영단어 800도 모두 수록했어요.

주제별 단어 뒷편에는 교육부에서 지정한 초등학생이 반드시 익혀야 할 800 단어를 알파벳 순으로 엮어 표제 단어, 발음기호, 한글발음, 뜻을 한눈에 알아보기 쉽도록 구성했어요. 그리고 녹음에는 원어민 남녀가 번갈아가며 단어를 두 번씩 반복해서 읽어준답니다.

A

a/an [ə 어 / ən 언] 하나의

about [əbáut 어바웃] ~에 대해서, ~에 관한

across [əkrɔ́s 어크로-스]
    ~의 건너편에(가로질러)

act [ækt 액트] 행동(하다)

address [ədrés 어드레스] 주소

afraid [əfréid 어프레이드] 두려워하는

after [ǽftər 애프터] ~후에, 다음에

afternoon [ǽftərnúːn 애프터누-운] 오후

again [əgén 어겐] 다시

age [eidʒ 에이지] 나이

ago [əgóu 어고우] 이전에

air [eər 에어] 공기

airport [ɛ́ərpɔ̀ːrt 에어포-트] 공항

album [ǽlbəm 앨범] 앨범

answer [ǽnsər 앤서] 대답, 답

any [éni 에니] 어떤, 아무런

apartment [əpɑ́ːrtmənt 어파-트먼트] 아파트

apple [ǽpl 애플] 사과

arm [ɑːrm 아 암] 팔

around [əráund 어라운드] 주위에

arrive [əráiv 어라이브] 도착하다

as [æz 애즈] ~처럼(같이), ~로서

ask [æsk 애스크] 묻다

at [æt 앳] <시간, 장소> ~에

aunt [ænt 앤트] 아주머니, 이모, 고모

autumn [ɔ́ːtəm 오-텀] 가을

away [əwéi 어웨이] (~로부터) 떨어져

B

baby [béibi 베이비] 아기

7

PART 1 영어를 시작할 때 알아야 할 단어

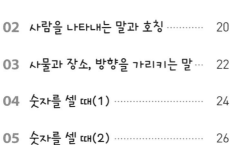

PART 2 집에서 볼 수 있는 단어

차례

PART **7** 품사별로 익히는 기본 단어

부록

자음을 나타내는 발음기호

단어를 읽기 위해서는 일정한 발음 규칙이 필요한데, 이것을 기호로 나타낸 것이 발음기호라고 해요. 발음기호는 괄호[ ] 안에 표기를 하며 이러한 발음기호가 어떤 소리를 내는지 알면 단어를 정확하게 읽을 수 있죠.

자음(Consonant)이란 발음을 할 때 공기가 혀나 입, 입술, 입천장 등에 부딪히며 나는 소리를 말해요. 자음은 **k, p, t**처럼 성대가 울리지 않는 무성음과 **b, d, g**와 같이 성대가 울리는 유성음으로 구성되어 있어요. *참고로 이 책에서는 표제단어의 한글발음 표기는 읽기 쉽도록 장음은 [-]으로, [*r*]은 [ㄹ]로 표기하지 않았으며, 한글 받침은 [ㅅ]으로 통일했습니다.

✦ 자음을 나타내는 발음기호

[b] [브]	[d] [드]	[f] [프]	[g] [그]
book	**d**ream	**f**ace	**g**irl
[buk 북]	[dri:m 드리-임]	[feis 페이스]	[gə:*r*l 거-ㄹ얼]
책	꿈	얼굴	소녀
[h] [흐]	[k] [크]	[l] [르]	[m] [므]
hair	**k**ing	**l**ion	**m**ail
[hɛə*r* 헤어ㄹ]	[kiŋ 킹]	[láiən 라이언]	[meil 메일]
머리카락	왕	사자	편지
[n] [느]	[p] [프]	[r] [르]	[s] [스]
nose	**p**ig	**r**ose	**s**tudy
[nouz 노우즈]	[pig 피그]	[rouz 로우즈]	[stʌ́di 스터디]
코	돼지	장미	공부

[t] [트]
tie
[tai 타이]
넥타이

[v] [브]
violin
[vàiəlín 바이얼린]
바이올린

[z] [즈]
zoo
[zu: 주-]
동물원

[θ] [쓰]
three
[θri: 쓰리-]
3, 셋

[ð] [드]
brother
[brΛðər 브러더]
형제

[ʃ] [쉬]
shark
[ʃɑːrk 샤-ㄹ크]
상어

[ʒ] [쥐]
television
[télǝvìʒǝn 텔러비전]
텔레비전

[dʒ] [쥐]
jeans
[dʒiːnz 지-인즈]
청바지

[tʃ] [취]
chocolate
[tʃɔ́ːkǝlit 초-컬릳]
초콜릿

[ŋ] [응]
song
[sɔːŋ 쏘-옹]
노래

♣ 반자음을 나타내는 발음기호

[j] [이]
yes
[jes 예스]
네

[w] [우]
wood
[wud 우드]
나무

모음을 나타내는 발음기호

모음(Vowel)이란 발음을 할 때 공기가 혀나 입, 입술, 입천장 등에 부딪히지 않고 목과 입 안의 울림으로 나는 소리를 말해요. 모든 모음은 성대가 울리는 유성음으로 구성되어 있어요.

✹ 모음을 나타내는 발음기호

[a] [아]	**[ʌ]** [어]	**[ə]** [어]	**[ɔ]** [오]
box [baks 박스] 상자	**cup** [kʌp 컵] 컵	**gorilla** [gərílə 거릴러] 고릴라	**boy** [bɔi 보이] 소년
[u] [우]	**[i]** [이]	**[e]** [에]	**[æ]** [애]
cook [kuk 쿡] 요리사	**milk** [milk 밀크] 우유	**melon** [melən 멜런] 멜론	**cat** [kæt 캩] 고양이

✹ 장모음을 나타내는 발음기호

[ɑː] [아―]	**[ɑːr]** [아―ㄹ]	**[əːr]** [어―ㄹ]	**[ɔː]** [오―]
father [fáːðər 파-더ㄹ] 아버지	**bar** [bɑːr 바-ㄹ] 막대기	**bird** [bəːrd 버-ㄹ드] 새	**dog** [dɔːg 도-그] 개

14

[ɔːr] [오-ㄹ]
morning
[mɔ́ːrniŋ 모-ㄹ닝]
아침

[uː] [우-]
movie
[múːvi 무-비]
영화

[iː] [이-]
teacher
[tíːtʃər 티-처ㄹ]
선생님

★ 이중모음을 나타내는 발음기호

[ai] [아이]
pilot
[páilət 파일럳]
조종사

[au] [아우]
house
[haus 하우스]
집

[ɔi] [오이]
toy
[tɔi 토이]
장난감

[ou] [오우]
boat
[bout 보우트]
보트

[ei] [에이]
baker
[béikər 베이커ㄹ]
제빵사

[ɛər] [에어ㄹ]
airport
[ɛərpɔ̀ːrt 에어ㄹ
포-ㄹ트] 공항

[uər] [우어ㄹ]
poor
[puər 푸어ㄹ]
가난한

[iər] 이어ㄹ
ear
[iər 이어ㄹ]
귀

PART 1

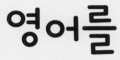

영어를
시작할 때
알아야 할
단어

001
I
[ai 아이] 나

002
you
[juː 유-] 너

003
he
[hiː 히-] 그

004
she
[ʃiː 쉬-] 그녀

005
we
[wiː 위-] 우리

006
they
[ðei 데이] 그들

007
my
[mai 마이] 나의

008
me
[miː 미-] 나를, 나에게

009
mine
[main 마인] 내 것

010
your
[juər 유어] 당신(들)의

011
our
[auər 아워] 우리의

012
us
[ʌs 어스] 우리들을

013
their
[ðɛər 데어] 그들의

014
them
[ðem 뎀] 그들을

015
his
[hiz 히즈] 그의

016
him
[him 힘] 그를

A 다음 그림에 해당하는 영어 단어를 연결해 보세요.

1   2   3   4   5

I   you   he   she   we

B 다음 각 영어 단어의 뜻을 우리말로 써 보세요.

1 my _____   2 me _____

3 us _____   4 their _____

5 them _____   6 his _____

C 다음 영어 문장을 읽고 빈칸에 알맞은 영어 단어를 써 넣으세요.

1 _____ don't live in the end house.
그들은 끝 집에 살지 않아.

2 He's a good friend of _____.
그는 나의 좋은 친구 중 한 명이야.

3 Tell me all _____ news.
네 소식 전부 다 들려 줘.

4 We went for a ride on _____ bikes.
우리는 자전거를 타러 갔어.

5 I met _____ off the plane.
나는 그를 공항까지 마중 나갔어.

19

017 **baby**
[béibi 베이비] 아기

018 **child**
[tʃaild 차일드] 어린이

019 **boy**
[bɔi 보이] 소년

020 **girl**
[gɔːrl 거-얼] 소녀

021 **man**
[mæn 맨] (성인) 남자

022 **woman**
[wúmən 우먼] (성인) 여자

023 **lady**
[léidi 레이디] 숙녀

024 **gentleman**
[ʤéntlmən 젠틀먼] 신사

025 **person**
[pɔ́rsn 퍼슨] 사람

026 **people**
[píːpl 피-플] 사람들

027 **friend**
[frend 프렌드] 친구

028 **name**
[neim 네임] 이름

029 **Mr**
[místər 미스터] ~씨, ~군(남자)

030 **Miss**
[mis 미스] ~양(여자)

031 **Ms**
[miz 미즈] ~님(미혼, 기혼의 여성)

032 **Mrs**
[mísiz 미시즈] ~부인(기혼 여성)

A 다음 그림에 해당하는 영어 단어를 연결해 보세요.

| 1 | 2 | 3 | 4 | 5 |

baby   boy   girl   gentleman   lady

B 다음 각 영어 단어의 뜻을 우리말로 써 보세요.

1 child _____   2 man _____

3 woman _____   4 person _____

5 people _____   6 friend _____

C 다음 영어 문장을 읽고 빈칸에 알맞은 영어 단어를 써 넣으세요.

1 What's your _____, dear?
얘야, 네 이름이 뭐니?

2 I saw _____ Smith at school yesterday.
나는 어제 학교에서 스미스 씨를 봤어요.

3 That's all, thank you, _____ Erica.
그게 다예요. 고마워요, 에리카 양.

4 Is _____ Brown in?
브라운 님은 안에 있나요?

5 _____ Emma is cooking in the kitchen.
엠마 부인은 부엌에서 요리를 하고 있어요.

033 **this**
[ðis 디스] 이것

034 **that**
[ðæt 댓] 그것, 저것

035 **those**
[ðouz 도우즈] 그것들

036 **here**
[hiər 히어] 여기

037 **there**
[ðɛəːr 데어-] 거기에

038 **right**
[rait 라이트] 오른쪽

039 **left**
[left 레프트] 왼쪽

040 **front**
[frʌnt 프런트] 앞쪽

041 **behind**
[biháind 비하인드] 뒤쪽

042 **inside**
[ínsáid 인싸이드] 안쪽

043 **outside**
[áutsáid 아웃싸이드] 바깥쪽

044 **middle**
[mídl 미들] 중앙

045 **east**
[iːst 이-스트] 동쪽

046 **west**
[west 웨스트] 서쪽

047 **south**
[sauθ 싸우쓰] 남쪽

048 **north**
[nɔːrθ 노-쓰] 북쪽

A 다음 그림에 해당하는 영어 단어를 연결해 보세요.

1	2	3	4	5

middle   east   west   south   north

B 다음 각 영어 단어의 뜻을 우리말로 써 보세요.

1 this _____   2 there _____

3 right _____   4 left _____

5 behind _____   6 inside _____

C 다음 영어 문장을 읽고 빈칸에 알맞은 영어 단어를 써 넣으세요.

1 Is _____ notebook yours?
저 공책 네 거니?

2 Wait _____. I'll be right back.
여기서 기다려. 금방 올게.

3 Aren't _____ real flowers?
저 꽃들은 진짜 꽃이 아냐?

4 Take the seat in the _____ row.
앞줄에 있는 자리를 잡아.

5 Don't stand _____ in the hot.
더운데 밖에 서 있지 마.

23

049 **number**
[nʌ́mbər 넘버] 숫자

050 **zero**
[zírou 지로우] 0, 영

051 **one**
[wʌn 원] 1, 하나

052 **two**
[tu: 투-] 2, 둘

053 **three**
[θri: 쓰리-] 3, 셋

054 **four**
[fɔ:r 포-] 4, 넷

055 **five**
[faiv 파이브] 5, 다섯

056 **six**
[siks 씩스] 6, 여섯

057 **seven**
[sevn 쎄븐] 7, 일곱

058 **eight**
[eit 에잇] 8, 여덟

059 **nine**
[nain 나인] 9, 아홉

060 **ten**
[ten 텐] 10, 열

061 **eleven**
[ilévn 일레븐] 11, 열하나

062 **twelve**
[twelv 트웰브] 12, 열둘

063 **thirteen**
[θə̀rtíːn 써티-인] 13, 열셋

064 **fourteen**
[fɔ̀rtíːn 포티-인] 14, 열넷

A 다음 그림에 해당하는 영어 단어를 연결해 보세요.

1	2	3	4	5

one   two   three   four   five

B 다음 각 영어 단어의 뜻을 우리말로 써 보세요.

1 six   _____   2 eight   _____

3 nine   _____   4 twelve   _____

5 thirteen   _____   6 fourteen   _____

C 다음 영어 문장을 읽고 빈칸에 알맞은 영어 단어를 써 넣으세요.

1 Tell me the _____ you want.
네가 원하는 숫자를 말해봐.

2 You've left off a _____.
네가 0을 하나 빼먹었어.

3 _____ minus two is five.
7 빼기 2은 5이다.

4 That clock's _____ minutes late.
저 시계는 10분이 늦어.

5 I'm _____ years old. How old are you?
난 11살이야. 넌 몇 살이니?

25

숫자를 셀 때(2)

065
fifteen
[fíftí:n 피프티-인] 15, 열다섯

073
fifty
[fífti 피프티] 50, 쉰

066
sixteen
[síkstí:n 씩스티-인] 16, 열여섯

074
sixty
[síksti 씩스티] 60, 예순

067
seventeen
[sévntí:n 쎄븐티-인] 17, 열일곱

075
seventy
[sévnti 쎄븐티] 70, 일흔

068
eighteen
[éití:n 에이티-인] 18, 열여덟

076
eighty
[éiti 에이티] 80, 여든

069
nineteen
[náintí:n 나인티-인] 19, 열아홉

077
ninety
[náinti 나인티] 90, 아흔

070
twenty
[twénti 트웬티] 20, 스물

078
one hundred
[wʌn_hʌ́ndrəd 원 헌드러드] 100, 백

071
thirty
[[θə́ɾti 써티] 30, 서른

079
one thousand
[wʌn_θáuzənd 원 싸우전드] 1,000, 천

072
forty
[[fɔ́ɾti 포티] 40, 마흔

080
ten thousand
[ten_θáuzənd 텐 싸우전드] 10,000, 만

A 다음 그림에 해당하는 영어 단어를 연결해 보세요.

1	2	3	4	5
80	1,000		60	70

one thousand   sixty   seventy   eighty   one hundred

B 다음 각 영어 단어의 뜻을 우리말로 써 보세요.

1 fifteen _____   2 sixteen _____

3 seventeen_____   4 eighteen _____

5 nineteen _____   6 forty _____

C 다음 영어 문장을 읽고 빈칸에 알맞은 영어 단어를 써 넣으세요.

1 Five times four equals _____.
   4 곱하기 5는 20이다.

2 _____-six by fifty-five centimeters.
   가로 36, 세로 55센티요.

3 I only have _____ dollars now.
   난 지금 50달러밖에 없어.

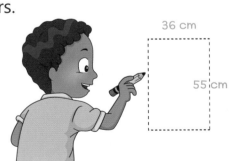

4 It's a dollar _____-seven.
   1달러 97센트야.

5 It amounts to _____ won.
   모두해서 만 원이 된다.

27

081 **first**_1st
[fə:rst 퍼-스트] 첫째

082 **second**_2nd
[sékənd 쎄컨드] 둘째

083 **third**_3rd
[θə:rd 써-드] 셋째

084 **fourth**_4th
[fɔ:rθ 포-쓰] 넷째

085 **fifth**_5th
[fifθ 피프쓰] 다섯째

086 **sixth**_6th
[siksθ 씩스쓰] 여섯째

087 **seventh**_7th
[sévənθ 쎄븐쓰] 일곱째

088 **eighth**_8th
[eitθ 에이쓰] 여덟째

089 **ninth**_9th
[nainθ 나인쓰] 아홉째

090 **tenth**_10th
[tenθ 텐쓰] 열째

091 **eleventh**_11th
[ilévənθ 일레븐쓰] 열한 번째

092 **twelfth**_12th
[twelfθ 트웰프쓰] 열두 번째

093 **thirteenth**_13th
[θəːrtíːnθ 써티-인쓰] 열세 번째

094 **fourteenth**_14th
[fɔ́rtíːnθ 포티-인쓰] 열네 번째

095 **fifteenth**_15th
[fíftíːnθ 피프티-인쓰] 열다섯 번째

096 **twentieth**_20th
[twéntiiθ 트웬티이쓰] 스무 번째

A 다음 그림에 해당하는 영어 단어를 연결해 보세요.

1   2   3   4   5

fourth   fifth   sixth   seventh   eighth

B 다음 각 영어 단어의 뜻을 우리말로 써 보세요.

1 ninth _____   2 tenth _____

3 twelfth _____   4 thirteenth_____

5 fourteenth_____   6 fifteenth _____

C 다음 영어 문장을 읽고 빈칸에 알맞은 영어 단어를 써 넣으세요.

1 I couldn't solve the _____ problem.
난 첫 번째 문제도 풀지 못했어.

2 I am the _____ tallest in my class.
난 우리반에서 두 번째로 키가 커.

3 Our classroom is on the _____ floor.
우리 교실은 3층에 있다.

4 November is the _____ month of the year.
11월은 1년 중 11번째 달이다.

5 Tomorrow is the _____ of March.
내일은 3월 20일이다.

097 **first**
[fə:rst 퍼-스트] 처음

098 **end**
[end 엔드] 끝

099 **lately**
[léitli 레이틀리] 최근에

100 **the last**
[ðə_læst 더 래스트] 마지막으로

101 **past**
[pæst 패스트] 과거

102 **present**
[préznt 프레즌트] 현재

103 **future**
[fjú:tʃər 퓨-처] 미래

104 **once**
[wʌns 원스] 한때

105 **at noon**
[æt_nu:n 앳 누-운] 정오에

106 **at midnight**
[æt_mídnàit 앳 미드나이트] 한밤중에

107 **late**
[leit 레이트] 늦은, 늦게

108 **forward**
[fɔ́:rwərd 포-워드] 앞으로

109 **ever**
[évər 에버] 언제나

110 **later**
[léitər 레이터] 나중에

111 **next**
[nekst 넥스트] 다음에

112 **someday**
[sʌ́mdèi 썸데이] 언젠가

A 다음 그림에 해당하는 영어 단어를 연결해 보세요.

1	2	3	4	5
어릴때	지금	나중에		- 끝 -

first   end   past   present   future

B 다음 각 영어 단어의 뜻을 우리말로 써 보세요.

1 the last _____   2 once _____

3 at noon _____   4 forward _____

5 ever _____   6 later _____

C 다음 영어 문장을 읽고 빈칸에 알맞은 영어 단어를 써 넣으세요.

1 Have you seen Tom _____?
최근에 탐을 봤니?

2 The phone rang _____.
한밤중에 전화가 울렸다.

3 I was _____ for a class today.
나는 오늘 수업 시간에 지각했다.

4 I get off at the _____ station.
난 다음 역에서 내려.

5 I want to try it like you _____.
나도 언젠가 너처럼 해보고 싶어.

113 **time** [taim 타임] 시간	121 **afternoon** [æ̀ftərnúːn 애프터누-운] 오후
114 **second** [sékənd 쎄컨드] 초	122 **evening** [íːvniŋ 이-브닝] 저녁
115 **minute** [mínit 미닛] 분	123 **night** [nait 나이트] 밤
116 **hour** [áuər 아워] 시간	124 **tonight** [tənáit 터나이트] 오늘밤
117 **o'clock** [əklák 어클락] ...시	125 **yesterday** [jéstərdèi 예스터데이] 어제
118 **quarter** [kwɔ́ːrtər 쿼-터] 15분	126 **today** [tədéi 터데이] 오늘
119 **half** [hæf 해프] 30분	127 **tomorrow** [təmɔ́ːrou 터모-로우] 내일
120 **morning** [mɔ́ːrniŋ 모-닝] 아침	128 **eve** [iːv 이-브] 전날

A 다음 그림에 해당하는 영어 단어를 연결해 보세요.

1	2	3	4	5

~시   15분   ~초   30분   ~분

second   minute   o'clock   quarter   half

B 다음 각 영어 단어의 뜻을 우리말로 써 보세요.

1 afternoon_____   2 evening _____

3 night _____   4 today _____

5 tomorrow_____   6 eve _____

C 다음 영어 문장을 읽고 빈칸에 알맞은 영어 단어를 써 넣으세요.

1 What _____ did you come here?
너 여기에 몇 시에 왔니?

2 I can only stay with you for an _____.
난 너와 한 시간밖에 못 있어.

3 It was snowing this _____.
오늘 아침에는 눈이 오고 있었다.

4 What's on TV _____?
오늘 밤 텔레비전에 뭐하니?

5 I started this book _____.
난 이 책을 어제 읽기 시작했어.

129
week
[wi:k 위-크] 주

130
Monday
[mʌ́ndei 먼데이] 월요일

131
Tuesday
[tjúːzdei 튜-즈데이] 화요일

132
Wednesday
[wénzdei 웬즈데이] 수요일

133
Thursday
[θɔ́ːrzdei 써-즈데이] 목요일

134
Friday
[fráidei 프라이데이] 금요일

135
Saturday
[sǽtərdèi 쌔터데이] 토요일

136
Sunday
[sʌ́ndei 썬데이] 일요일

137
weekday
[wíːkdèi 위-크데이] 평일

138
midweek
[mídwìːk 미드위-크] 주중

139
weekend
[wíːkènd 위-켄드] 주말

140
weekly
[wíːkli 위-클리] 주간의

141
last week
[læst_wiːk 래스트 위-크] 지난 주

142
this week
[ðis_wiːk 디스 위-크] 이번 주

143
next week
[nekst_wiːk 넥스트 위-크] 다음 주

144
every week
[évriː_wiːk 에브리- 위-크] 매주

A 다음 그림에 해당하는 영어 단어를 연결해 보세요.

1	2	3	4	5

토요일	화요일	평일	수요일	목요일

Tuesday   Wednesday   Thursday   Saturday   weekday

B 다음 각 영어 단어의 뜻을 우리말로 써 보세요.

1 midweek _____

2 weekly _____

3 last week _____

4 this week _____

5 next week _____

6 every week _____

C 다음 영어 문장을 읽고 빈칸에 알맞은 영어 단어를 써 넣으세요.

1 It rained all _____.
일주일 내내 비가 왔다.

2 I hate _____ mornings.
난 월요일 아침이 싫어.

3 _____ is much better for me.
난 금요일이 더 좋아요.

4 We go to church every _____.
우리는 일요일마다 교회에 간다.

5 What shall we do this _____?
우리 이번 주말에는 뭐 할까?

January
145
[dʒǽnjuèri 재뉴에리] 1월

February
146
[fébruèri 페브루에리] 2월

March
147
[mά:rtʃ 마-취] 3월

April
148
[éiprəl 에이프럴] 4월

May
149
[mei 메이] 5월

June
150
[dʒu:n 주-운] 6월

July
151
[dʒulái 줄라이] 7월

August
152
[ɔ́:gəst 오-거스트] 8월

September
153
[septémbər 쎕템버] 9월

October
154
[ɑktóubər 악토우버] 10월

November
155
[nouvémbər 노우벰버] 11월

December
156
[disémbər 디쎔버] 12월

last month
157
[læst_mʌnθ 래스트 먼쓰] 지난 달

this month
158
[ðis_mʌnθ 디스 먼쓰] 이번 달

next month
159
[nekst_mʌnθ 넥스트 먼쓰] 다음 달

every month
160
[évri_mʌnθ 에브리 먼쓰] 매달

A 다음 그림에 해당하는 영어 단어를 연결해 보세요.

1   2   3   4   5

February   March   July   October   December

B 다음 각 영어 단어의 뜻을 우리말로 써 보세요.

1 April _____   2 June _____

3 September _____   4 November _____

5 this month _____   6 next month _____

C 다음 영어 문장을 읽고 빈칸에 알맞은 영어 단어를 써 넣으세요.

1 _____ 1 is New Year's Day.
1월 1일은 새해 첫 날이에요.

2 _____ 5 is Children's Day in Korea.
한국에서 5월 5일은 어린이날이다.

3 We go on holiday in _____.
우리는 8월에 휴가를 간다.

4 We were in Hawaii _____.
우리는 지난달에 하와이에 있었다.

5 We watch the movies _____.
우리는 매달 영화를 봅니다.

37

161 **season**
[síːzn 씨-즌] 계절

162 **four seasons**
[fɔːr síːznz 포- 씨-즌즈] 사계절

163 **spring**
[spriŋ 스프링] 봄

164 **summer**
[sʌ́mər 썸머] 여름

165 **autumn**
[ɔ́ːtəm 오-텀] 가을

166 **fall**
[fɔːl 포-올] 가을

167 **winter**
[wíntər 윈터] 겨울

168 **year**
[jiər 이어] 해, 1년

169 **last year**
[læst jiər 래스트 이어] 작년

170 **this year**
[ðis jiər 디스 이어] 올해

171 **next year**
[nekst jiər 넥스트 이어] 내년

172 **every year**
[évri jiər 에브리 이어] 매년

173 **the New Year**
[ðə njuː jiər 더 뉴 이어] 새해

174 **year-end**
[jiər end 이어 엔드] 연말

175 **period**
[píəriəd 피어리어드] 기간

176 **century**
[séntʃuri 센추리] 세기

A 다음 그림에 해당하는 영어 단어를 연결해 보세요.

1   2   3   4   5

four seasons   summer   autumn   spring   year-end

B 다음 각 영어 단어의 뜻을 우리말로 써 보세요.

1 year _____   2 this year _____

3 next year_____   4 every year_____

5 period _____   6 century _____

C 다음 영어 문장을 읽고 빈칸에 알맞은 영어 단어를 써 넣으세요.

1 What is your favorite _____?
어떤 계절을 가장 좋아하니?

2 It is windy in the _____.
가을에는 바람이 많이 불어요.

3 You should dress warmly in _____.
겨울에는 옷을 따뜻하게 입어야 해.

4 It happened late _____.
그것은 작년 말에 일어났다.

5 I'll see you in _____.
새해에 만나요.

39

177 **Korea**
[kərí:ə 코리-어] 한국

178 **America**
[əmérikə 어메리커] 미국

179 **United Kingdom**
[ju:náitid_kíŋdəm 유-나잇티드 킹덤] 영국

180 **Canada**
[kǽnədə 캐너더] 캐나다

181 **Australia**
[ɔːstréiljə 오-스트레일리어] 호주

182 **New zealand**
[njuː_zíːlənd 뉴- 지-일런드] 뉴질랜드

183 **Japan**
[dʒəpǽn 저팬] 일본

184 **China**
[tʃáinə 차이너] 중국

185 **India**
[índiə 인디어] 인도

186 **Russia**
[rʌ́ʃə 러셔] 러시아

187 **Italy**
[ítəli 이털리] 이탈리아

188 **Germany**
[dʒə́rməni 저머니] 독일

189 **France**
[fræns 프랜스] 프랑스

190 **Spain**
[spein 스페인] 스페인

191 **Mexico**
[méksikòu 멕시코우] 멕시코

192 **Brazil**
[brəzíl 브러질] 브라질

A 다음 그림에 해당하는 영어 단어를 연결해 보세요.

| 1 | 2 | 3 | 4 | 5 |

Korea   Australia   China   India   Brazil

B 다음 각 영어 단어의 뜻을 우리말로 써 보세요.

1 New zealand _____ 2 Russia _____

3 Italy _____ 4 Germany _____

5 Spain _____ 6 Mexico _____

C 다음 영어 문장을 읽고 빈칸에 알맞은 영어 단어를 써 넣으세요.

1 I am now in _____.
난 지금 미국에 있어.

2 Scotland is part of the _____.
스코틀랜드는 영국의 일부이다.

3 _____ is larger than China.
캐나다가 중국보다 더 커.

4 Big match tonight, Korea vs _____.
오늘 밤 큰 경기야. 한국 대 일본.

5 What about a trip to _____?
프랑스로 여행을 가는 게 어때요?

41

193 **New York**
[nuː_jɔrk 뉴-요크] 뉴욕

194 **Washington**
[wάʃiŋtən 와싱턴] 워싱턴

195 **Chicago**
[ʃikάːgou 쉬카-고우] 시카고

196 **London**
[lʌ́ndən] 런던

197 **Sydney**
[sídni 씨드니] 시드니

198 **Paris**
[pǽris 패리스] 파리

199 **Berlin**
[bərlín 버린] 베를린

200 **Rome**
[roum 로움] 로마

201 **Korean**
[kəríːən 커리-언] 한국어

202 **English**
[íŋgliʃ 잉글리쉬] 영어

203 **Chinese**
[tʃainíːz 차이니-즈] 중국어

204 **Japanese**
[dʒæpəníːz 재퍼니-즈] 일본어

205 **French**
[frentʃ 프렌취] 프랑스어

206 **Italian**
[itǽljən 이탤리언] 이탈리아어

207 **German**
[dʒə́ːrmən 저-먼] 독일어

208 **Spanish**
[spǽniʃ 스패니쉬] 스페인어

A 다음 그림에 해당하는 영어 단어를 연결해 보세요.

1 베를린　2 시드니　3 파리　4 워싱턴　5 시카고

Washington　Chicago　Sydney　Paris　Berlin

B 다음 각 영어 단어의 뜻을 우리말로 써 보세요.

1 Japanese _____ 2 French _____

3 Italian _____ 4 German _____

5 Spanish _____ 6 Chinese _____

C 다음 영어 문장을 읽고 빈칸에 알맞은 영어 단어를 써 넣으세요.

1 It's my first visit to _____.
이번이 나의 뉴욕 첫 방문이다.

2 I lived in _____ as a child.
나는 어렸을 때 런던에 살았다.

3 Can you speak _____?
한국어 할 줄 아세요?

4 _____ is my best subject.
영어는 내가 제일 잘 하는 과목이다.

5 We're going to _____ this year.
우리는 올해 로마에 갈 예정이야.

209 **color**
[kʌ́lər 컬러] 색깔

210 **red**
[red 레드] 빨강

211 **blue**
[blu: 블루-] 파랑

212 **white**
[hwait 와이트] 흰색

213 **black**
[blæk 블랙] 검정

214 **yellow**
[jélou 옐로우] 노랑

215 **green**
[gri:n 그리-인] 녹색

216 **brown**
[braun 브라운] 갈색

217 **gold**
[gould 고울드] 황금색

218 **silver**
[sílvər 씰버] 은색

219 **gray**
[grei 그레이] 회색

220 **pink**
[piŋk 핑크] 분홍색

221 **purple**
[pə́:rpl 퍼-플] 보라색

222 **orange**
[ɔ́:rindʒ 오-린쥐] 오렌지색

223 **bright**
[brait 브라이트] 선명한

224 **dark**
[dɑ:rk 다-크] 어두운

A 다음 그림에 해당하는 영어 단어를 연결해 보세요.

1 · 2 · 3 · 4 · 5

· · · · ·

red   white   black   green   brown

B 다음 각 영어 단어의 뜻을 우리말로 써 보세요.

1 gold _____   2 silver _____

3 purple _____   4 orange _____

5 bright _____   6 dark _____

C 다음 영어 문장을 읽고 빈칸에 알맞은 영어 단어를 써 넣으세요.

1 Which _____ looks better on me?
어느 색이 나한테 더 괜찮아 보여?

2 She was dressed in _____.
그녀는 파란색 옷을 입고 있었다.

3 The walls were painted _____.
그 담들은 노란색 페인트로 칠해져 있었다.

4 I saw a big _____ elephant.
난 큰 회색 코끼리를 보았다.

5 She looks good in a _____ dress.
그녀에게 분홍 옷이 잘 어울린다.

225
shape
[ʃeip 쉐입] 모양

226
line
[lain 라인] 선

227
dot
[dɑt 닷] 점

228
triangle
[tráiæŋgl 트라이앵글] 삼각형

229
square
[skwɛər 스퀘어] 정사각형

230
rectangle
[réktæŋgl 렉탱글] 직사각형

231
diamond
[dáiəmənd 다이어먼드] 마름모

232
pentagon
[péntəgən 펜터건] 오각형

233
hexagon
[héksəgən 헥서건] 육각형

234
cube
[kju:b 큐-브] 정육면체

235
circle
[sə́:rkl 써-클] 원

236
oval
[óuvl 오우블] 타원형

237
cone
[koun 코운] 원뿔

238
ring
[riŋ 링] 반지 모양

239
heart
[hɑ:rt 하-트] 하트 모양

240
star
[stɑ:r 스타-] 별 모양

A 다음 그림에 해당하는 영어 단어를 연결해 보세요.

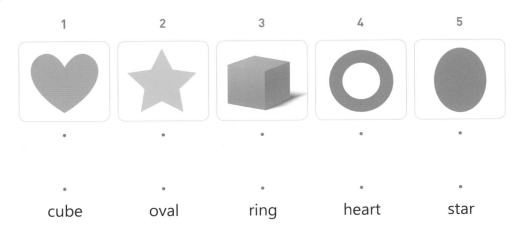

| 1 | 2 | 3 | 4 | 5 |

· · · · ·

· · · · ·

cube　　　oval　　　ring　　　heart　　　star

B 다음 각 영어 단어의 뜻을 우리말로 써 보세요.

1 line _____　　2 square _____

3 rectangle_____　　4 diamond _____

5 pentagon_____　　6 hexagon _____

C 다음 영어 문장을 읽고 빈칸에 알맞은 영어 단어를 써 넣으세요.

1 The pool was in the _____ of a heart.
　그 수영장은 하트 모양이었다.

2 Make a _____ on the paper.
　종이 위에 점을 찍으시오.

3 A _____ has three sides.
　삼각형에는 세 개의 변이 있습니다.

4 The children stood in a _____.
　그 아이들은 동그랗게 모여 서 있었다.

5 The boys were wearing _____ hats.
　소년들은 원뿔모자를 쓰고 있었다.

241 **face**
[feis 페이쓰] 얼굴

242 **head**
[hed 헤드] 머리

243 **hair**
[hɛər 헤어] 머리카락

244 **forehead**
[fɔ́:rhèd 포-헤드] 이마

245 **eyebrow**
[áibràu 아이브라우] 눈썹

246 **eyelash**
[áilæʃ 아이래쉬] 속눈썹

247 **eye**
[ai 아이] 눈

248 **ear**
[iər 이어] 귀

249 **nose**
[nouz 노우즈] 코

250 **mouth**
[mauθ 마우쓰] 입

251 **tooth**
[tu:θ 투-쓰] 이

252 **lip**
[lip 립] 입술

253 **tongue**
[tʌŋ 텅] 혀

254 **chin**
[tʃin 친] 아래턱

255 **jaw**
[dʒɔː 조-] 턱

256 **cheek**
[tʃi:k 취-크] 볼

A 다음 그림에 해당하는 영어 단어를 연결해 보세요.

1   2   3   4   5

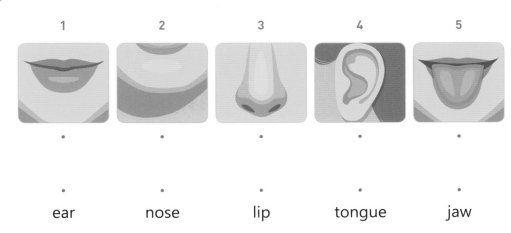

ear   nose   lip   tongue   jaw

B 다음 각 영어 단어의 뜻을 우리말로 써 보세요.

1   hair   _____   2   eyebrow _____

3   forehead _____   4   eyelash   _____

5   chin   _____   6   cheek   _____

C 다음 영어 문장을 읽고 빈칸에 알맞은 영어 단어를 써 넣으세요.

1   He hid his _____ in his hands.
그가 두 손으로 얼굴을 가렸다.

2   Hold your _____ up.
머리를 들고 있어라.

3   I have something in my _____.
내 눈에 뭐가 들어갔어.

4   Don't talk with your _____ full.
입에 음식을 가득 넣은 채 말을 하지 마.

5   When did she cut her first _____?
그 애는 언제 첫 이가 났어요?

257 **body**
[bádi 바디] 몸

258 **neck**
[nek 넥] 목

259 **shoulder**
[ʃóuldər 쇼울더] 어깨

260 **arm**
[ɑːrm 아-암] 팔

261 **elbow**
[élbou 엘보우] 팔꿈치

262 **wrist**
[rist 리스트] 손목

263 **hand**
[hænd 핸드] 손

264 **palm**
[pɑːm 파-암] 손바닥

265 **nail**
[neil 네일] 손톱

266 **finger**
[fíŋgər 핑거] 손가락

267 **thumb**
[θʌm 썸] 엄지손가락

268 **chest**
[tʃest 체스트] 가슴

269 **stomach**
[stʌ́mək 스터먹] 배

270 **back**
[bæk 백] 등

271 **waist**
[wéist 웨이스트] 허리

272 **bottom**
[bátəm 바텀] 엉덩이

A 다음 그림에 해당하는 영어 단어를 연결해 보세요.

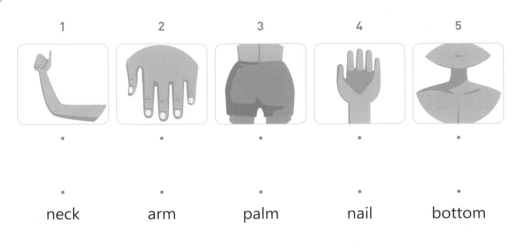

neck   arm   palm   nail   bottom

B 다음 각 영어 단어의 뜻을 우리말로 써 보세요.

1 elbow   _____   2 body   _____

3 wrist   _____   4 chest   _____

5 stomach   _____   6 back   _____

C 다음 영어 문장을 읽고 빈칸에 알맞은 영어 단어를 써 넣으세요.

1 We sat _____ to shoulder.
우리는 어깨를 나란히 하고 앉았다.

2 The girls danced _____ in hand.
그 소녀들은 손에 손을 잡고 춤췄다.

3 She cut her _____ on a piece of glass.
그녀는 유리 조각에 손가락을 베였다.

4 The _____ is the first finger.
엄지는 첫 번째 손가락입니다.

5 Her hair fell to her _____.
그녀의 머리는 허리까지 내려왔다.

273 **leg**
[leg 레그] 다리

274 **knee**
[niː 니-] 무릎

275 **ankle**
[ǽŋkl 앵클] 발목

276 **foot**
[fut 풋] 발

277 **bridge**
[bridʒ 브리쥐] 발등

278 **toenail**
[tóunèil 토우네일] 발톱

279 **toe**
[tou 토우] 발가락

280 **heel**
[hiːl 히-일] (발)뒤꿈치

281 **sole**
[soul 쏘울] 발바닥

282 **bone**
[boun 보운] 뼈

283 **skull**
[skʌl 스컬] 두개골

284 **rib**
[rib 립] 갈비뼈

285 **heart**
[hɑːrt 하-트] 심장

286 **lung**
[lʌŋ 렁] 폐

287 **liver**
[lívər 리버] 간

288 **kidney**
[kídni 키드니] 신장

A 다음 그림에 해당하는 영어 단어를 연결해 보세요.

1	2	3	4	5

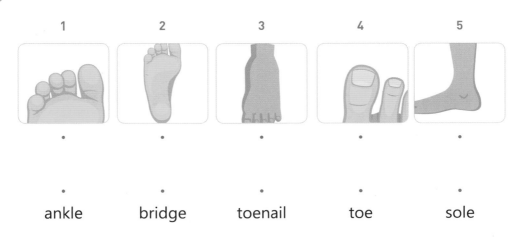

ankle · · bridge · · toenail · · toe · · sole

B 다음 각 영어 단어의 뜻을 우리말로 써 보세요.

1 skull _____   2 rib _____

3 heart _____   4 lung _____

5 liver _____   6 kidney _____

C 다음 영어 문장을 읽고 빈칸에 알맞은 영어 단어를 써 넣으세요.

1 He broke his _____ skiing.
그는 스키를 타다가 다리가 부러졌다.

2 I grazed my _____ when I fell.
내가 넘어지면서 무릎이 까졌다.

3 Tom stamped his _____ in anger.
톰이 화를 내며 발을 굴렀다.

4 My shoe rubs my _____.
내 신발에 뒤꿈치가 쓸린다.

5 He has cracked a _____ in his arm.
그는 팔뼈에 금이 갔다.

289 family

[fǽməli 페멀리] 가족

290 grandfather

[grǽndfɑ:ðər그랜파-더] 할아버지 cf. grandpa

291 grandmother

[grǽndmʌðər그랜머더] 할머니 cf. grandma

292 father

[fɑ́:ðər 파-더] 아버지

293 daddy

[dǽdi 대디] 아빠 cf. dad

294 mother

[mʌ́ðər 머더] 어머니

295 mommy

[mɑ́mi 마미] 엄마 cf. mom

296 uncle

[ʌ́ŋkl 엉클] 삼촌

297 aunt

[ænt 앤트] 고모, (외)숙모

298 brother

[brʌ́ðər 브러더] 형, 오빠

299 sister

[sístər 씨스터] 누나, 언니

300 cousin

[kʌ́zn 커즌] 사촌형제

301 baby

[béibi 베이비] 아기

302 son

[sʌn 썬] 아들

303 daughter

[dɔ́:tər 도-터] 딸

304 grandson

[grǽndsʌn 그랜드썬] 손자

A 다음 그림에 해당하는 영어 단어를 연결해 보세요.

1	2	3	4	5

grandmother   father   mother   uncle   baby

B 다음 각 영어 단어의 뜻을 우리말로 써 보세요.

1 daddy _____ 2 aunt _____

3 cousin _____ 4 son _____

5 daughter_____ 6 grandson_____

C 다음 영어 문장을 읽고 빈칸에 알맞은 영어 단어를 써 넣으세요.

1 All my _____ enjoy skiing.
우리 가족은 모두 스키를 즐긴다.

2 I visit _____ once a week.
일주일에 한 번씩 할아버지께 가요.

3 _____, can I play outside?
엄마, 밖에 나가서 놀아도 되요?

4 'Who is that?' 'It's my _____.'
"저 사람 누구니?" "우리 형이야."

5 My _____ and I do not look alike.
우리 언니와 나는 안 닮았다.

PART **2**

집에서
볼 수 있는
단어

305 **house**
[haus 하우스] 집

306 **gate**
[geit 게이트] 대문

307 **garden**
[gá:rdn 가-든] 정원

308 **grass**
[græs 그래스] 잔디

309 **yard**
[já:rd 야-드] 마당

310 **pond**
[pɑnd 판드] 연못

311 **doorbell**
[dɔ́:rbèl 도-벨] 초인종

312 **roof**
[ru:f 루-프] 지붕

313 **wall**
[wɔːl 워-올] 담, 벽

314 **brick**
[brik 브릭] 벽돌

315 **fence**
[fens 펜스] 울타리

316 **chimney**
[tʃímni 침니] 굴뚝

317 **balcony**
[bǽlkəni 밸커니] 발코니

318 **basement**
[béismənt 베이스먼트] 지하실

319 **garage**
[gərá:dʒ 거라-쥐] 차 고

320 **apartment**
[əpá:rtmənt 어파-트먼트] 아파트

A 다음 그림에 해당하는 영어 단어를 연결해 보세요.

1	2	3	4	5

pond   roof   brick   garage   chimney

B 다음 각 영어 단어의 뜻을 우리말로 써 보세요.

1 garden _____   2 yard _____

3 grass _____   4 fence _____

5 balcony _____   6 basement_____

C 다음 영어 문장을 읽고 빈칸에 알맞은 영어 단어를 써 넣으세요.

1 Our _____ is just around the corner.
우리 집은 모퉁이만 돌면 있다.

2 He pushed open the garden _____.
그가 정원 문을 밀어서 열었다.

3 Can you listen out for the _____?
초인종 소리가 나는지 잘 들어 봐 주겠니?

4 The boys climbed over the _____.
그 남자애들은 담을 넘어갔다.

5 My family lives in an _____.
우리 가족은 아파트에 살고 있다.

321 **home**
[houm 호움] 집, 가정

322 **entrance**
[éntrəns 엔트런스] 현관

323 **window**
[wíndou 윈도우] 창문

324 **glass**
[glæs 글래스] 유리

325 **door**
[dɔːr 도-] 문

326 **ceiling**
[síːliŋ 씨-일링] 천장

327 **wallpaper**
[wɔ́ːlpèipər 워-올페이퍼] 벽지

328 **floor**
[flɔːr 플로-] 마루

329 **living room**
[líviŋ_ruːm 리빙 루-움] 거실

330 **parlor**
[páːrlər 파-러] 응접실

331 **kitchen**
[kítʃin 키친] 주방

332 **dining room**
[dáiniŋ_ruːm 다이닝 루-움] 식당(방)

333 **bathroom**
[bǽθrùːm 배쓰루-움] 욕실

334 **bedroom**
[bédrùːm 베드루-움] 침실

335 **stairs**
[stɛərz 스테어즈] 계단

336 **study**
[stʌ́di 스터디] 서재

A 다음 그림에 해당하는 영어 단어를 연결해 보세요.

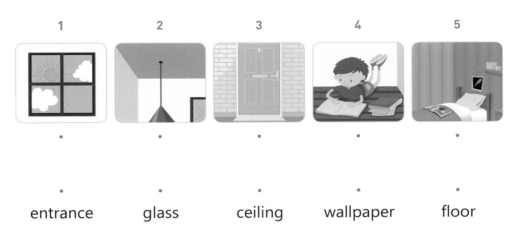

    1   2   3   4   5

  entrance   glass   ceiling   wallpaper   floor

B 다음 각 영어 단어의 뜻을 우리말로 써 보세요.

1 parlor _____   2 kitchen _____

3 dining room _____   4 bathroom _____

5 bedroom _____   6 study _____

C 다음 영어 문장을 읽고 빈칸에 알맞은 영어 단어를 써 넣으세요.

1 After an hour I went _____.
   1시간 뒤에 나는 집으로 갔다.

2 Do you mind if I open the _____?
   창문을 좀 열어도 될까요?

3 Someone tapped at the _____.
   누군가가 문을 똑똑 두드렸다.

4 I slept on the couch in the _____.
   나는 거실 소파에서 잠을 잤어요.

5 I sneaked up the _____.
   나는 살금살금 계단을 올라갔다.

337
curtain
[kə́ːrtn 커-튼] 커튼

338
blind
[blaind 블라인드] 블라인드

339
vase
[veis 베이스] 꽃병

340
switch
[switʃ 스위취] 스위치

341
TV
[tíːvíː 티-비-] 텔레비전 cf. television

342
remote control
[rimóut_kəntróul 리모우트 컨트로울] 리모컨

343
smart phone
[smɑːrt_foun 스마-트 포운] 스마트폰

344
charger
[tʃɑ́ːrdʒər 차-저] 충전기

345
sofa
[sóufə 쏘우퍼] 소파

346
light
[lait 라이트] 전등

347
telephone
[téləfòun 텔러포운] 전화기

348
tea table
[tiː_téibl 티- 테이블] 티테이블

349
rug
[rʌg 러그] 깔개

350
carpet
[kɑ́ːrpit 카-핏] 카펫

351
fan
[fæn 팬] 선풍기

352
air conditioner
[ɛər_kəndíʃənər 에어 컨디셔너] 에어컨

A 다음 그림에 해당하는 영어 단어를 연결해 보세요.

1	2	3	4	5

vase   remote control   light   smart phone   fan

B 다음 각 영어 단어의 뜻을 우리말로 써 보세요.

1 telephone _____ 2 curtain _____

3 charger _____ 4 tea table _____

5 rug _____ 6 air conditioner _____

C 다음 영어 문장을 읽고 빈칸에 알맞은 영어 단어를 써 넣으세요.

1 The _____ were drawn.
블라인드가 쳐져 있었다.

2 There is a big _____ in the living room.
거실에는 큰 텔레비전이 있습니다.

3 Which _____ do I press to turn it off?
그것을 끄려면 어느 스위치를 눌러야 하나요?

4 I had to sleep on the _____.
나는 소파에서 자야 했다.

5 We rolled up the _____.
우리는 카펫을 둥글게 말았다.

353 **study room**
[stʌ́di_ruːm 스터디 루-움] 공부방

354 **bunk bed**
[bʌŋk_bed 벙크 베드] 이층 침대

355 **mattress**
[mǽtris 매트리스] 매트리스

356 **bookcase**
[búkkèis 북케이스] 책장

357 **bookshelf**
[búkʃèlf 북쉘프] 책꽂이

358 **desk**
[desk 데스크] 책상

359 **computer**
[kəmpjúːtər 컴퓨-터] 컴퓨터

360 **monitor**
[mánitər 마니터] 모니터

361 **keyboard**
[kíːbɔ̀ːrd 키-보-드] 자판

362 **mouse**
[maus 마우스] 마우스

363 **printer**
[príntər 프린터] 프린터

364 **alarm clock**
[əláːrm_klɑk 얼라-암 클락] 알람시계

365 **ball**
[bɔːl 보-올] 공

366 **bat**
[bæt 배트] 야구방망이

367 **jump rope**
[dʒʌmp_roup 점프 로우프] 줄넘기

368 **earphone**
[íərfòun 이어포운] 이어폰

A 다음 그림에 해당하는 영어 단어를 연결해 보세요.

1	2	3	4	5

monitor   keyboard   mouse   printer   ball

B 다음 각 영어 단어의 뜻을 우리말로 써 보세요.

1 study room _____   2 mattress _____

3 bookcase _____   4 desk _____

5 bat _____   6 earphone _____

C 다음 영어 문장을 읽고 빈칸에 알맞은 영어 단어를 써 넣으세요.

1 There is a _____ in my room.
내 방에는 2층침대가 놓여 있다.

2 There is a _____ by my desk.
책상 옆에 책꽂이가 있다.

3 I need another _____.
나는 다른[새] 컴퓨터가 필요하다.

4 I set the _____ for 6 o'clock.
나는 알람을 6시에 맞췄다.

5 It's a _____ without the rope.
이건 줄 없는 줄넘기야.

369 **piggy bank**
[pígi_bæŋk 피기 뱅크] 돼지저금통

370 **toy chest**
[tɔi_tʃest 토이 체스트] 장난감상자

371 **puppet**
[pʌ́pit 퍼핏] 꼭두각시인형

372 **dice**
[dais 다이스] 주사위

373 **toy**
[tɔi 토이] 장난감

374 **balloon**
[bəlúːn 벌루-운] 풍선

375 **teddy bear**
[tédi_bɛər 테디 베어] 곰인형

376 **doll**
[dɑːl 다-알] 인형

377 **yo-yo**
[jóujou 요우요우] 요요

378 **magnet**
[mǽgnit 매그니트] 자석

379 **puzzle**
[pʌ́zl 퍼즐] 그림맞추기, 퍼즐

380 **whistle**
[hwísl 위슬] 호루라기

381 **top**
[tɑp 탑] 팽이

382 **block**
[blak 블락] 블록

383 **marble**
[máːrbl 마-블] 구슬

384 **drum**
[drʌm 드럼] 북, 드럼

A 다음 그림에 해당하는 영어 단어를 연결해 보세요.

1	2	3	4	5

balloon   teddy bear   whistle   top   drum

B 다음 각 영어 단어의 뜻을 우리말로 써 보세요.

1 doll _____   2 toy _____

3 puppet _____   4 yo-yo _____

5 magnet _____   6 block _____

C 다음 영어 문장을 읽고 빈칸에 알맞은 영어 단어를 써 넣으세요.

1 I put coins in the _____ every day.
나는 매일 돼지저금통에 동전을 넣습니다.

2 The child begged to buy a _____.
그 아이는 장난감을 사달라고 졸랐다.

3 We played _____ all night.
우리는 밤새 주사위 놀이를 했다.

4 We solved the _____ together.
우리는 같이 퍼즐을 풀었다.

5 The children are playing _____s outside.
아이들이 밖에서 구슬치기를 하고 있다.

385
bedroom
[bédrùːm 베드루-움] 침실

386
closet
[klázit 클라짓] 벽장

387
wardrobe
[wɔ́ːrdròub 워-드로우브] 옷장

388
hanger
[hǽŋər 행어] 옷걸이

389
bed
[bed 베드] 침대

390
single bed
[síŋgl_bed 싱글 베드] 1인용 침대

391
double bed
[dʌ́bl_bed 더블 베드] 2인용 침대

392
bed cover
[bed_kʌ́vər 베드 커버] 침대커버

393
sheet
[ʃiːt 쉬-트] 시트

394
blanket
[blǽŋkit 블랭킷] 담요

395
pillow
[pílou 필로우] 베개

396
dressing table
[drésiŋ_téibl 드레씽 테이블] 화장대

397
bureau
[bjúərou 뷰로우] 서랍장

398
night table
[nait_téibl 나이트 테이블] 침실용 탁자

399
slipper
[slípər 슬리퍼] 슬리퍼

400
tissue
[tíʃuː 티슈-] 화장지, 티슈

A 다음 그림에 해당하는 영어 단어를 연결해 보세요.

| 1 | 2 | 3 | 4 | 5 |

bed   dressing table   bureau   slipper   tissue

B 다음 각 영어 단어의 뜻을 우리말로 써 보세요.

1 night table _____ 2 sheet _____

3 wardrobe _____ 4 single bed _____

5 double bed _____ 6 bed cover _____

C 다음 영어 문장을 읽고 빈칸에 알맞은 영어 단어를 써 넣으세요.

1 I have a single bed in my _____.
내 침실에는 1인용 침대가 있다.

2 Did you check through the _____?
벽장 안을 자세히 찾아보았니?

3 He took off his coat and hung it on a _____.
그는 상의를 벗어서 옷걸이에 걸었다.

4 Can I have another _____ please?
담요 한 장 더 갖다 주시겠어요?

5 The _____ is on the bed.
베개가 침대 위에 있다.

69

401 bathroom
[bǽθrùːm 배쓰루-움] 화장실

402 sink
[siŋk 씽크] 세면대

403 bathtub
[bǽθtʌb 배쓰터브] 욕조

404 shower
[ʃáuər 샤워] 샤워기

405 toilet
[tɔ́ilit 토일릿] 변기

406 mirror
[mírər 미러] 거울

407 toilet paper
[tɔ́ilit_péipər 토일릿 페이퍼] 화장지

408 toothpaste
[túːθpèist 투-쓰페이스트] 치약

409 toothbrush
[túːθbrʌʃ 투-쓰브러쉬] 칫솔

410 soap
[soup 쏘웁] 비누

411 towel
[táuəl 타월] 수건

412 shampoo
[ʃæmpúː 샘푸-] 샴푸

413 rinse
[rins 린스] 린스

414 comb
[koum 코움] 빗

415 razor
[réizər 레이저] 면도기

416 hair dryer
[hɛər_dráiər 헤어 드라이어] 헤어드라이기

A 다음 그림에 해당하는 영어 단어를 연결해 보세요.

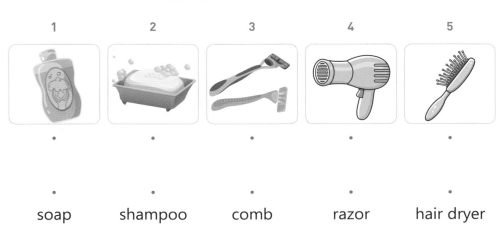

1   2   3   4   5

soap   shampoo   comb   razor   hair dryer

B 다음 각 영어 단어의 뜻을 우리말로 써 보세요.

1 sink   _____   2 bathtub   _____

3 toilet   _____   4 mirror   _____

5 toothpaste_____   6 rinse   _____

C 다음 영어 문장을 읽고 빈칸에 알맞은 영어 단어를 써 넣으세요.

1 I have to go to the _____.
나 화장실 좀 가야겠어.

2 A cold _____ will soon wake you up.
찬물에 샤워를 하면 곧 정신이 들 거야.

3 There isn't any _____.
화장지가 없어요.

4 Which one is my _____?
어떤 게 내 칫솔이야?

5 Can you throw me that _____?
그 수건 좀 내게 던져 주겠니?

417 **utility room**
[ju:tíləti_ru:m 유-틸러티 루-움] 다용도실

418 **washing machine**
[wáʃiŋ_məʃí:n 와싱 머쉬-인] 세탁기

419 **detergent**
[ditə́:rdʒənt 디터-전트] 세제

420 **mop**
[mɑp 맙] 대걸레

421 **laundry basket**
[lɔ́:ndri_bǽskit 로-온드리 배스킷] 빨래바구니

422 **clothes pin**
[klouðz_pin 클로우드즈 핀] 빨래집개

423 **clothes rack**
[klouðz_ræk 클로우드즈 랙] 빨래건조대

424 **iron**
[áiərn 아이언] 다리미

425 **ironing board**
[áiərniŋ_bɔ:rd 아이어닝 보-드] 다림질판

426 **vacuum**
[vǽkjuəm 배큐엄] 진공청소기

427 **broom**
[bru:m 브루-움] 빗자루

428 **dustpan**
[dʌ́stpæn 더스트팬] 쓰레받기

429 **toolbox**
[tú:lbɑ̀ks 투-울박스] 공구함

430 **scale**
[skeil 스케일] 체중계

431 **flashlight**
[flǽʃlàit 플래쉬라이트] 손전등

432 **battery**
[bǽtəri 배터리] 건전지, 배터리

A 다음 그림에 해당하는 영어 단어를 연결해 보세요.

1	2	3	4	5

broom   dustpan   scale   flashlight   battery

B 다음 각 영어 단어의 뜻을 우리말로 써 보세요.

1 utility room＿＿＿＿＿＿＿ 2 detergent＿＿＿＿＿＿＿＿

3 laundry basket＿＿＿＿＿ 4 clothes pin＿＿＿＿＿＿＿

5 clothes rack＿＿＿＿＿＿ 6 ironing board＿＿＿＿＿＿

C 다음 영어 문장을 읽고 빈칸에 알맞은 영어 단어를 써 넣으세요.

1 I think I've broken the ＿＿＿＿＿＿＿＿＿.
내가 세탁기를 고장 낸 것 같애.

2 Take that ＿＿＿＿＿ and wipe that mess off.
저 걸레 가지고 그 지저분한 것 좀 닦아.

3 Use this electric ＿＿＿＿＿.
이 전기다리미를 사용해라.

4 Where is the ＿＿＿＿＿?
진공청소기는 어디에 있어요?

5 Did you see where the ＿＿＿＿＿ is?
도구상자가 어디에 있는지 봤니?

433 **cabinet**
[kǽbənit 캐버닛] 장식장

434 **sink**
[siŋk 씽크] 싱크대

435 **dish soap**
[diʃ_soup 디쉬 쏘웁] 주방세제

436 **sponge**
[spʌndʒ 스펀쥐] 스펀지

437 **tap**
[tæp 탭] 수도꼭지

438 **drain**
[drein 드레인] 배수구

439 **gas range**
[gæs_reindʒ 개스 레인쥐] 가스레인지

440 **hood**
[hud 후드] 환기팬

441 **refrigerator**
[rifrídʒərèitər 리프리저레이터] 냉장고

442 **freezer**
[frí:zər 프리-저] 냉동고

443 **cupboard**
[kʌ́bərd 커버드] 찬장

444 **oven**
[ʌ́vn 어븐] 오븐

445 **microwave**
[máikrouwèiv 마이크로우웨이브] 전자레인지

446 **blender**
[bléndər 블랜더] 믹서

447 **toaster**
[tóustər 토우스터] 토스터기

448 **frying pan**
[fráiŋ_pæn 프라잉 팬] 프라이팬

A 다음 그림에 해당하는 영어 단어를 연결해 보세요.

1	2	3	4	5

tap　　　　sponge　　　　oven　　　　blender　　　　toaster

B 다음 각 영어 단어의 뜻을 우리말로 써 보세요.

1 cabinet _____　　2 dish soap _____

3 drain _____　　4 hood _____

5 freezer _____　　6 cupboard _____

C 다음 영어 문장을 읽고 빈칸에 알맞은 영어 단어를 써 넣으세요.

1 My mom is washing the dishes in the _____.
엄마가 싱크대에서 설거지를 하고 계십니다.

2 Turn the _____ off when you go out.
외출할 때 가스레인지 불 좀 꺼주렴.

3 Don't leave the _____ open.
냉장고를 열어두지 마라.

4 Can I use this _____?
이 전자레인지를 써도 되나요?

5 Add butter and oil to _____.
프라이팬에 버터와 기름을 넣으세요.

75

449 **pot**
[pɑt 팟] 냄비

450 **tray**
[trei 트레이] 쟁반

451 **kettle**
[kétl 케틀] 주전자

452 **dishwasher**
[díʃwáʃər 디쉬와셔] 식기세척기

453 **dish cloth**
[diʃ_klɔ́:θ 디쉬 클로-쓰] 행주

454 **apron**
[éiprən 에이프런] 앞치마

455 **knife**
[naif 나이프] 부엌칼

456 **cutting board**
[kʌ́tiŋ_bɔːrd 커팅 보-드] 도마

457 **rice scoop**
[rais_skuːp 라이스 스쿠-프] 주걱

458 **ladle**
[léidl 레이들] 국자

459 **electric rice cooker**
[iléktrik_rais_kúkər 일렉트릭 라이스 쿠커]
전기밥솥

460 **coffee pot**
[kɔ́:fi_pɑt 코-피 팟] 커피포트

461 **teapot**
[tíːpàt 티-팟] 찻주전자

462 **iron pot**
[áiərn_pɑt 아이언 팟] 솥

463 **exhaust fan**
[igzɔ́:st_fæn 이그저-스트 팬] 환풍기

464 **garbage can**
[gɑ́:rbidʒ_kæn 가-비쥐 캔] 쓰레기통

A 다음 그림에 해당하는 영어 단어를 연결해 보세요.

| 1 | 2 | 3 | 4 | 5 |

tray   knife   rice scoop   ladle   garbage can

B 다음 각 영어 단어의 뜻을 우리말로 써 보세요.

1 dishwasher＿＿＿＿＿＿＿＿＿＿＿＿   2 dish cloth＿＿＿＿＿＿＿＿＿＿＿

3 electric rice cooker＿＿＿＿＿＿   4 teapot ＿＿＿＿＿＿＿＿＿＿＿

5 iron pot ＿＿＿＿＿＿＿＿＿＿   6 exhaust fan＿＿＿＿＿＿＿＿＿

C 다음 영어 문장을 읽고 빈칸에 알맞은 영어 단어를 써 넣으세요.

1 This ＿＿＿＿＿＿ has so many dents.
이 냄비는 너무 많이 찌그러졌다.

2 Steam rose from the boiling ＿＿＿＿＿＿.
끓고 있는 주전자에서 김이 올라왔다.

3 Mom is wearing an ＿＿＿＿＿＿.
엄마는 앞치마를 두르고 있다.

4 There is kimchi on the ＿＿＿＿＿＿.
도마 위에 김치가 있습니다.

5 There is a ＿＿＿＿＿＿ on the table.
식탁 위에 커피포트가 있다.

465 **table**
[téibl 테이블] 식탁

466 **chair**
[tʃɛər 체어] 의자

467 **tablecloth**
[téiblklɔ́:θ 테이블클로-쓰] 식탁보

468 **bowl**
[boul 보울] 그릇

469 **rice bowl**
[rais_boul 라이스 보울] 공기

470 **dish**
[diʃ 디쉬] 접시

471 **plate**
[pleit 플레이트] 넓은 접시

472 **chopstick**
[tʃápstìk 찹스틱] 젓가락

473 **spoon**
[spu:n 스푸-운] 숟가락

474 **fork**
[fɔ:rk 포-크] 포크

475 **knife**
[naif 나이프] 칼

476 **opener**
[óupənər 오우프너] 병따개

477 **glass**
[glæs 글래스] 유리컵

478 **cup**
[kʌp 컵] 컵

479 **mug**
[mʌg 머그] 머그잔

480 **bottle**
[bátl 바틀] 병

A 다음 그림에 해당하는 영어 단어를 연결해 보세요.

1	2	3	4	5

plate   spoon   knife   opener   bottle

B 다음 각 영어 단어의 뜻을 우리말로 써 보세요.

1 chair _____

2 tablecloth_____

3 rice bowl_____

4 glass _____

5 cup _____

6 mug _____

C 다음 영어 문장을 읽고 빈칸에 알맞은 영어 단어를 써 넣으세요.

1 We ate at the kitchen _____.
우리는 주방 식탁에서 밥을 먹었다.

2 My mom gave me a _____ of rice.
엄마가 나에게 밥 한 그릇을 주셨어요.

3 How did this _____ get broken?
이 접시가 어쩌다 깨졌니?

4 They use _____ to eat rice.
그들은 밥을 먹기 위해 젓가락을 사용한다.

5 He eats with a knife and _____.
그는 나이프와 포크로 식사를 한다.

481 **clothes**
[klouðz 클로우드즈] 옷

482 **suit**
[suːt 슈-트] 양복

483 **jacket**
[dʒǽkit 재킷] 재킷

484 **blouse**
[blaus 블라우스] 블라우스

485 **coat**
[kout 코우트] 코트

486 **sweater**
[swétər 스웨터] 스웨터

487 **cardigan**
[káːrdigən 카-디건] 카디건

488 **vest**
[vest 베스트] 조끼

489 **skirt**
[skəːrt 스커-트] 스커트

490 **dress**
[dres 드레스] 드레스, 원피스

491 **pants**
[pænts 팬츠] 바지

492 **shorts**
[ʃɔːrts 쇼-츠] 반바지

493 **underwear**
[ʌ́ndərwɛər 언더웨어] 속옷

494 **pajamas**
[pədʒɑ́ːməz 퍼자-머즈] 잠옷

495 **jeans**
[dʒiːnz 지-인즈] 청바지

496 **shirt**
[ʃəːrt 셔-츠] 셔츠

A 다음 그림에 해당하는 영어 단어를 연결해 보세요.

1	2	3	4	5

sweater　　　vest　　　shorts　　　jeans　　　shirt

B 다음 각 영어 단어의 뜻을 우리말로 써 보세요.

1 clothes _____　　2 jacket _____

3 coat _____　　4 cardigan _____

5 dress _____　　6 pajamas _____

C 다음 영어 문장을 읽고 빈칸에 알맞은 영어 단어를 써 넣으세요.

1 My father goes to work in a _____.
아빠는 정장을 입고 출근하십니다.

2 I can't wear this _____. It's creased.
이 블라우스 못 입겠어. 구겨졌어.

3 This _____ is too short.
이 치마는 너무 짧아.

4 He dropped his _____.
그는 바지를 벗어 내렸다.

5 It looks like _____, not a T-shirt.
그것은 티셔츠가 아니라 속옷처럼 보인다.

497 **T-shirt**
[tiːʃəːrt 티- 셔-츠] 티셔츠

498 **jumper**
[dʒʌ́mpər 점퍼] 점퍼

499 **uniform**
[júːnifɔ̀ːrm 유-니포-옴] 유니폼, 교복

500 **swimsuit**
[swímsùːt 스윔슈-트] 수영복

501 **sweatshirt**
[swetʃəːrt 스웻셔-츠] 운동복

502 **raincoat**
[réinkòut 레인코우트] 비옷

503 **shoes**
[ʃuːz 슈-즈] 구두

504 **sneakers**
[sníːkərz 스니-커즈] 운동화

505 **sandal**
[sǽndl 쌘들] 샌들

506 **boots**
[buːts 부-츠] 부츠

507 **socks**
[saks 싹스] 양말

508 **slipper**
[slípər 슬리퍼] 슬리퍼

509 **tight**
[tait 타이트] 꼭 끼는

510 **loose**
[luːs 루-스] 헐거운

511 **long**
[lɔːŋ 로-옹] 긴

512 **short**
[ʃɔːrt 쇼-트] 짧은

A 다음 그림에 해당하는 영어 단어를 연결해 보세요.

| 1 | 2 | 3 | 4 | 5 |

T-shirt   raincoat   slippers   boots   socks

B 다음 각 영어 단어의 뜻을 우리말로 써 보세요.

1 sweatshirt _____   2 jumper _____

3 tight _____   4 loose _____

5 long _____   6 short _____

C 다음 영어 문장을 읽고 빈칸에 알맞은 영어 단어를 써 넣으세요.

1 The hat is part of the school _____.
그 모자는 교복의 일부이다.

2 Who is wearing a _____?
수영복을 입고 있는 사람은 누구인가요?

3 Where are my _____?
내 운동화는 어디 있어요?

4 He took his _____ and socks off.
그는 신발과 양말을 벗었다.

5 There are _____s at the front door.
현관에 샌들이 있습니다.

513 **bag**
[bæg 백] 가방

514 **backpack**
[bǽkpæk 백팩] 백팩, 배낭

515 **cap**
[kæp 캡] (테 없는) 모자

516 **glasses**
[glǽsiz 글래씨즈] 안경

517 **umbrella**
[ʌmbrélə 엄브렐러] 우산

518 **necktie**
[néktài 넥타이] 넥타이

519 **gloves**
[glʌ́vz 글러브즈] 장갑

520 **wallet**
[wɑ́lit 왈릿] 지갑

521 **muffler**
[mʌ́flər 머플러] 머플러

522 **scarf**
[skɑːrf 스카프] 스카프

523 **belt**
[belt 벨트] 벨트

524 **ribbon**
[ríbən 리번] 리본

525 **watch**
[wɑtʃ 와취] 손목시계

526 **ring**
[riŋ 링] 반지

527 **earring**
[íəriŋ 이어링] 귀걸이

528 **necklace**
[néklis 넥클리스] 목걸이

A 다음 그림에 해당하는 영어 단어를 연결해 보세요.

1	2	3	4	5

necktie   gloves   wallet   ribbon   watch

B 다음 각 영어 단어의 뜻을 우리말로 써 보세요.

1 muffler _____   2 scarf _____

3 belt _____   4 ring _____

5 earring _____   6 necklace _____

C 다음 영어 문장을 읽고 빈칸에 알맞은 영어 단어를 써 넣으세요.

1 I lost my _____.
가방을 잃어버렸어.

2 I go to school with my _____ on.
백팩을 메고 학교에 가다.

3 He always wears a baseball _____.
그는 항상 야구모를 쓰고 다닌다.

4 Can you see without your _____?
넌 안경 없이[안경을 안 쓰고] 볼 수 있니?

5 I left my _____ at school.
우산을 학교에 두고 왔어요.

PART 3

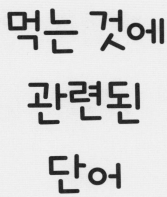

먹는 것에
관련된
단어

529 meal
[mi:l 미-일] 식사

530 breakfast
[brékfəst 브렉퍼스트] 아침식사

531 lunch
[lʌntʃ 런취] 점심

532 supper
[sʌ́pər 써퍼] 저녁식사

533 dinner
[dínər 디너] 정식, 만찬

534 snack
[snæk 스낵] 간식

535 food
[fu:d 푸-드] 음식

536 rice
[rais 라이스] 쌀밥

537 rice ball
[rais_bɔ:l 라이스 보-올] 주먹밥

538 noodle
[nú:dl 누-들] 국수

539 soup
[su:p 쑤-프] 수프, 국

540 side dish
[said_diʃ 싸이드 디쉬] 반찬

541 cereal
[síriəl 씨리얼] 시리얼

542 salad
[sǽləd 쌜러드] 샐러드

543 curry rice
[kə́:ri_rais 커-리 라이스] 카레라이스

544 beef stew
[bi:f_stju: 비-프 스튜-] 비프스튜

A 다음 그림에 해당하는 영어 단어를 연결해 보세요.

1   2   3   4   5

rice   noodle   salad   curry rice   rice ball

B 다음 각 영어 단어의 뜻을 우리말로 써 보세요.

1   meal   _____   2   lunch   _____

3   dinner   _____   4   side dish   _____

5   cereal   _____   6   beef stew   _____

C 다음 영어 문장을 읽고 빈칸에 알맞은 영어 단어를 써 넣으세요.

1   _____ is served at 8 on the dot.
아침식사는 정확히 8 시에 제공됩니다.

2   We'll have an early _____ tonight.
오늘밤에는 우리가 저녁을 일찍 먹을 거야.

3   Popcorn is his favorite _____.
팝콘이 그가 가장 좋아하는 스낵이야.

4   Save some _____ for me.
음식 내 거 좀 남겨 놔.

5   There's a hair in my _____.
내 수프에 머리카락이 있어.

545 bread
[bred 브레드] 빵

546 toast
[toust 토우스트] 토스트

547 hot dog
[hɑt_dɔːg 핫 도-그] 핫도그

548 sandwich
[sǽndwitʃ 쌘드위취] 샌드위치

549 hamburger
[hǽmbə̀ːrgər 햄버-거] 햄버거

550 french fries
[frentʃ_fráiz 프렌취 프라이즈] 프렌치프라이

551 pizza
[píːtsə 피-쩌] 피자

552 spaghetti
[spəgéti 스퍼게티] 스파게티

553 meatball
[míːtbɔ̀ːl 미-트보-올] 미트볼

554 cheeseburger
[tʃíːzbə̀ːrgər 취-즈버-거] 치즈버거

555 onion ring
[ʌ́njən_riŋ 어니언 링] 어니언링

556 croissant
[krəsáːnt 크러싸-안트] 크루아상

557 French bread
[frentʃ_bred 프렌취 브레드] 바게트

558 gratin
[grǽtn 그래튼] 그라탱

559 omelet
[áməlit 아멀릿] 오믈렛

560 steak
[steik 스테이크] 스테이크

A 다음 그림에 해당하는 영어 단어를 연결해 보세요.

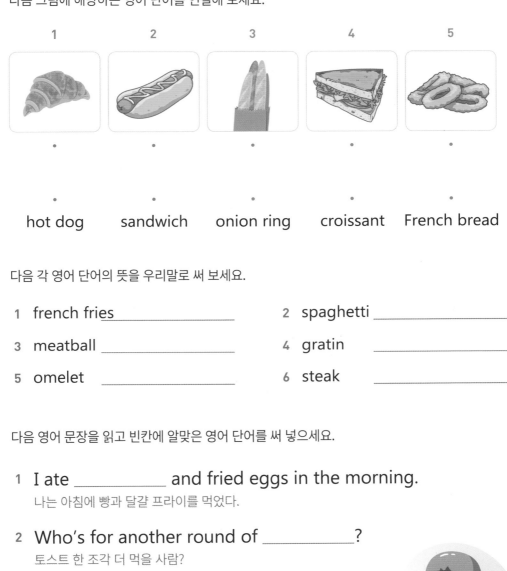

1 2 3 4 5

hot dog   sandwich   onion ring   croissant   French bread

B 다음 각 영어 단어의 뜻을 우리말로 써 보세요.

1 french fries _____   2 spaghetti _____

3 meatball _____   4 gratin _____

5 omelet _____   6 steak _____

C 다음 영어 문장을 읽고 빈칸에 알맞은 영어 단어를 써 넣으세요.

1 I ate _____ and fried eggs in the morning.
나는 아침에 빵과 달걀 프라이를 먹었다.

2 Who's for another round of _____?
토스트 한 조각 더 먹을 사람?

3 We stopped at a drive-in for a _____.
우리는 햄버거를 사러 드라이브 인에 들렀다.

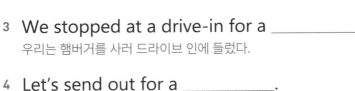

4 Let's send out for a _____.
우리 피자 배달시키자.

5 How much is the _____?
치즈버거는 얼마입니까?

561 **peel**
[piːl 피-일] (과일 등의) 껍질을 벗기다

562 **cut**
[kʌt 컷] 자르다

563 **chop**
[tʃɑp 찹] 썰다

564 **bake**
[beik 베이크] (빵을) 굽다

565 **grill**
[gril 그릴] (그릴에) 굽다

566 **roast**
[roust 로우스트] (고기를) 굽다

567 **fry**
[frai 프라이] (기름에) 튀기다

568 **mix**
[miks 믹스] 섞다

569 **boil**
[bɔil 보일] 끓다

570 **blanch**
[blæntʃ 블랜취] 데치다

571 **grind**
[graind 그라인드] (곡식 등을) 갈다

572 **pour**
[pɔːr 포-] 붓다, 따르다

573 **steam**
[stiːm 스티-임] (음식을) 찌다

574 **rare**
[rɛər 레어] 살짝 익힌

575 **medium**
[míːdiəm 미-디엄] 적당히 익힌

576 **well done**
[wel_dʌn 웰 던] 완전히 익힌

A 다음 그림에 해당하는 영어 단어를 연결해 보세요.

| 1 | 2 | 3 | 4 | 5 |

peel   roast   mix   boil   grind

B 다음 각 영어 단어의 뜻을 우리말로 써 보세요.

1 blanch _____ 2 pour _____

3 steam _____ 4 rare _____

5 medium _____ 6 well done_____

C 다음 영어 문장을 읽고 빈칸에 알맞은 영어 단어를 써 넣으세요.

1 _____ it with a knife.
그것을 칼로 잘라라.

2 _____ the cabbage up small.
양배추를 잘게 다져라.

3 _____ the bread for 20 minutes.
빵을 20분 동안 구워라.

4 _____ the sausages for ten minutes.
소시지를 10분 동안 그릴에 구워라.

5 What kind of oil did you _____ this in?
이거 어떤 기름에 튀기셨어요?

577 **ketchup**
[kétʃəp 케첩] 케첩

578 **mustard**
[mʌ́stəːrd 머스터-드] 겨자

579 **salt**
[sɔːlt 쏘-올트] 소금

580 **pepper**
[pépər 페퍼] 후추

581 **jelly**
[dʒéli 젤리] 젤리

582 **butter**
[bʌ́tər 버터] 버터

583 **sugar**
[ʃúgər 슈거] 설탕

584 **cheese**
[tʃiːz 취-즈] 치즈

585 **jam**
[dʒæm 잼] 잼

586 **soy sauce**
[sɔi_sɔːs 쏘이 쏘-스] 간장

587 **vinegar**
[vínigər 비니거] 식초

588 **dressing**
[drésiŋ 드레씽] 드레싱

589 **mayonnaise**
[mèiənéiz 메이어네이즈] 마요네즈

590 **honey**
[hʌ́ni 허니] 꿀

591 **cooking oil**
[kúkiŋ_ɔil 쿠킹 오일] 식용유

592 **olive oil**
[áliv_ɔil 알리브 오일] 올리브유

A 다음 그림에 해당하는 영어 단어를 연결해 보세요.

1   2   3   4   5

sugar   jam   mustard   jelly   mayonnaise

B 다음 각 영어 단어의 뜻을 우리말로 써 보세요.

1 soy sauce_____   2 vinegar _____

3 dressing _____   4 honey _____

5 cooking oil_____   6 olive oil _____

C 다음 영어 문장을 읽고 빈칸에 알맞은 영어 단어를 써 넣으세요.

1 I'd like some _____ on hot dog.
   핫도그에 케첩을 발라 주세요.

2 Don't overdo the _____ in the food.
   음식에 소금을 너무 많이 쓰지 마세요.

3 Add salt and _____ to taste.
   소금과 후추는 입맛에 따라 넣으세요.

4 Fry the onions in _____.
   양파를 버터에 볶아라.

5 Just have a taste of this _____.
   이 치즈를 한번 맛만 봐.

593 **flour**
[flauər 플라워] 밀가루

594 **peanut**
[píːnʌt 피-넛] 땅콩

595 **egg**
[eg 에그] 달걀

596 **potato**
[pətéitou 퍼테이토우] 감자

597 **meat**
[miːt 미-트] 고기

598 **fish**
[fiʃ 피쉬] 생선

599 **vegetable**
[védʒətəbl 베저터블] 채소

600 **beef**
[biːf 비-프] 소고기

601 **pork**
[pɔːrk 포-크] 돼지고기

602 **chicken**
[tʃíkin 취킨] 닭고기

603 **salmon**
[sǽmən 쌔먼] 연어

604 **shrimp**
[ʃrimp 쉬림프] 새우

605 **sausage**
[sɔ́ːsidʒ 쏘-시지] 소시지

606 **ham**
[hæm 햄] 햄

607 **bacon**
[béikən 베이컨] 베이컨

608 **can**
[kæn 캔] 통조림

A 다음 그림에 해당하는 영어 단어를 연결해 보세요.

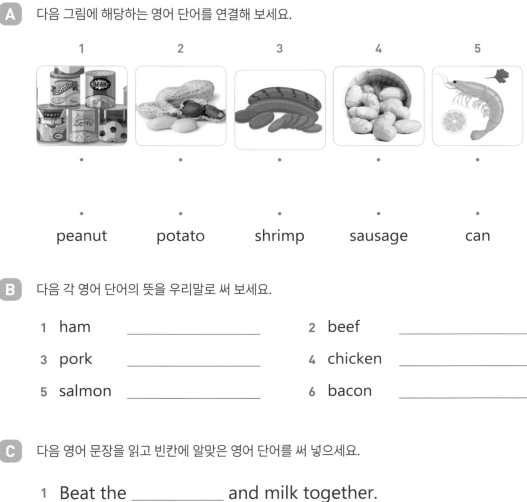

| 1 | 2 | 3 | 4 | 5 |

peanut   potato   shrimp   sausage   can

B 다음 각 영어 단어의 뜻을 우리말로 써 보세요.

1 ham _____   2 beef _____

3 pork _____   4 chicken _____

5 salmon _____   6 bacon _____

C 다음 영어 문장을 읽고 빈칸에 알맞은 영어 단어를 써 넣으세요.

1 Beat the _____ and milk together.
밀가루와 우유를 함께 섞어라.

2 I eat fried _____s and milk every morning.
나는 매일아침 달걀프라이와 우유를 먹는다.

3 The _____ isn't quite done yet.
고기가 아직 제대로 다 익지 않았다.

4 I don't really like _____. How about you?
난 생선을 별로 좋아하지 않아. 넌?

5 This _____ is very fresh.
이 채소는 엄청 신선해.

609 **drink**
[driŋk 드링크] 음료

610 **water**
[wɔ́ːtər 워-터] 물

611 **mineral water**
[mínərəl_wɔ́ːtər 미너럴 워-터] 생수

612 **juice**
[dʒuːs 주-스] 주스

613 **orange juice**
[ɔ́rindʒ_dʒuːs 오린쥐 주-스] 오렌지주스

614 **tomato juice**
[təméitou_dʒuːs 터메이토우 주-스] 토마토주스

615 **soda**
[sóudə 쏘우더] 탄산음료

616 **coke**
[kouk 코우크] 콜라

617 **Sprite**
[sprait 스프라이트] 사이다

618 **tea**
[tiː 티-] 차

619 **green tea**
[griːn_tiː 그리-인 티] 녹차

620 **coffee**
[kɔ́ːfi 코-피] 커피

621 **beer**
[biər 비어] 맥주

622 **milk**
[milk 밀크] 우유

623 **cocoa**
[kóukou 코우코우] 코코아

624 **yogurt**
[jóugərt 요우거트] 요구르트

A 다음 그림에 해당하는 영어 단어를 연결해 보세요.

1	2	3	4	5

water   milk   cocoa   yogurt   orange juice

B 다음 각 영어 단어의 뜻을 우리말로 써 보세요.

1 tomato juice _____   2 Sprite _____

3 tea _____   4 green tea _____

5 coffee _____   6 beer _____

C 다음 영어 문장을 읽고 빈칸에 알맞은 영어 단어를 써 넣으세요.

1 Can I fix you a _____?
마실 것 한 잔 줄까?

2 A glass of _____, please.
생수 한 잔 주세요.

3 Come on, drink up your _____.
자, 네 주스 다 마셔.

4 Let's get _____ and popcorn.
콜라랑 팝콘 좀 사자.

5 We drank a can of _____ each.
우리는 각자 탄산음료를 한 캔씩 마셨다.

625 **ice cream**
[ais_kri:m 아이스 크리-임] 아이스크림

626 **apple pie**
[ǽpl_pai 애플 파이] 애플파이

627 **chocolate**
[tʃɔ́:kəlit 초-컬릿] 초콜릿

628 **cake**
[keik 케이크] 케이크

629 **cookie**
[kúki 쿠키] 쿠키

630 **jelly**
[dʒéli 젤리] 젤리

631 **candy**
[kǽndi 캔디] 캔디

632 **doughnut**
[dóunət 도우넛] 도넛

633 **pudding**
[púdiŋ 푸딩] 푸딩

634 **popcorn**
[pápkɔ̀:rn 팝코-온] 팝콘

635 **potato chip**
[pətéitou_tʃip 퍼테이토우 칩] 포테이토칩

636 **cotton candy**
[kátn_kǽndi 카튼 캔디] 솜사탕

637 **cream puff**
[kri:m_pʌf 크리-임 퍼프] 크림 퍼프

638 **crepe**
[kreip 크레이프] 크레이프

639 **parfait**
[pɑ:rféi 파-페이] 파르페

640 **cupcake**
[kʌ́pkèik 컵케이크] 컵케이크

A 다음 그림에 해당하는 영어 단어를 연결해 보세요.

1   2   3   4   5

cake   jelly   candy   doughnut   pudding

B 다음 각 영어 단어의 뜻을 우리말로 써 보세요.

1 apple pie＿＿＿＿＿＿＿＿   2 potato chip＿＿＿＿＿＿＿

3 cream puff＿＿＿＿＿＿＿   4 crepe ＿＿＿＿＿＿＿＿

5 parfait ＿＿＿＿＿＿＿   6 cupcake ＿＿＿＿＿＿＿

C 다음 영어 문장을 읽고 빈칸에 알맞은 영어 단어를 써 넣으세요.

1 Who wants an ＿＿＿＿＿？
아이스크림 먹을 사람?

2 I love ＿＿＿＿＿ so much. How about you?
난 초콜릿을 너무 좋아 해. 넌?

3 The child had a ＿＿＿＿＿ in his hand.
아이는 손에 쿠키를 들고 있었다.

4 I want to watch a movie while eating ＿＿＿＿＿.
나는 팝콘 먹으면서 영화 볼래.

5 The children are holding ＿＿＿＿＿＿＿.
아이들이 솜사탕을 들고 있다.

641 **delicious**
[dilíʃəs 딜리셔스] 아주 맛있는

642 **yummy**
[jʌ́mi 여미] 아주 맛있는 <비격식>

643 **tasty**
[téisti 테이스티] 맛있는

644 **bad**
[bæd 배드] 맛없는

645 **sour**
[sauər 싸워] 신, 시큼한

646 **sweet**
[swi:t 스위-트] 달콤한, 단

647 **salty**
[sɔ́:lti 쏘-올티] 짠, 짭짤한

648 **hot**
[hɑt 핫] 매운

649 **bitter**
[bítər 비터] 쓴

650 **spicy**
[spáisi 스파이시] 매콤한

651 **juicy**
[dʒú:si 주-씨] 즙이 많은

652 **greasy**
[grí:si 그리-씨] 느끼한

653 **bland**
[blænd 블랜드] 싱거운

654 **smooth**
[smu:ð 스무-쓰] (맛이) 부드러운

655 **fishy**
[fíʃi 피쉬] 비린내 나는

656 **appetizing**
[ǽpitàiziŋ 애피타이징] 식욕을 돋우는

A 다음 그림에 해당하는 영어 단어를 연결해 보세요.

1	2	3	4	5

tasty   bad   sour   hot   bitter

B 다음 각 영어 단어의 뜻을 우리말로 써 보세요.

1 bland _____

2 juicy _____

3 greasy _____

4 smooth _____

5 fishy _____

6 appetizing _____

C 다음 영어 문장을 읽고 빈칸에 알맞은 영어 단어를 써 넣으세요.

1 This is _____. You ought to try some.
이거 맛있어. 좀 먹어 봐.

2 She's very fond of _____ things.
그녀는 단것을 아주 좋아한다.

3 It was just too _____ for me.
그건 내게 너무 짰어.

4 He likes _____ curry.
그는 매콤한 카레를 좋아한다.

5 This dish is _____!
이 요리 너무 맛있어!

657 **fruit**
[fru:t 프루-트] 과일

658 **apple**
[ǽpl 애플] 사과

659 **tangerine**
[tæ̀ndʒərí:n 탠저리-인] 귤

660 **peach**
[pi:tʃ 피-취] 복숭아

661 **banana**
[bənǽnə 버내너] 바나나

662 **melon**
[mélən 멜런] 멜론

663 **orange**
[ɔ́:rindʒ 오-린쥐] 오렌지

664 **strawberry**
[strɔ́:bèri 스트로-베리] 딸기

665 **blueberry**
[blú:bèri 블루-베리] 블루베리

666 **blackberry**
[blǽkbèri 블랙베리] 블랙베리

667 **coconut**
[kóukənʌt 코우커넛] 코코넛

668 **watermelon**
[wɔ́:tərmèlən 워-터멜런] 수박

669 **grape**
[greip 그레입] 포도

670 **pear**
[pɛər 페어] 배

671 **persimmon**
[pərsímən 퍼씨먼] 감

672 **jujube**
[dʒú:dʒu:b 주-주-브] 대추

A 다음 그림에 해당하는 영어 단어를 연결해 보세요.

1	2	3	4	5

tangerine   peach   melon   strawberry   watermelon

B 다음 각 영어 단어의 뜻을 우리말로 써 보세요.

1 blueberry_____   2 blackberry_____

3 pear _____   4 persimmon_____

5 coconut _____   6 jujube _____

C 다음 영어 문장을 읽고 빈칸에 알맞은 영어 단어를 써 넣으세요.

1 Eat plenty of _____ and vegetables.
신선한 과일과 야채를 많이 먹어라.

2 Sling me an _____, will you?
나한테 사과 하나 던져 주겠니?

3 _____ is her favorite fruit.
바나나는 그녀가 가장 좋아하는 과일이다.

4 Two _____ juices, please.
오렌지 주스 두 잔 주세요.

5 I like _____ jelly best.
나는 포도 젤리를 가장 좋아해.

105

673 **pineapple**
[páinæ̀pl 파인애플] 파인애플

674 **lemon**
[lémən 레먼] 레몬

675 **plum**
[plʌm 플럼] 자두

676 **mango**
[mǽŋgou 맹고우] 망고

677 **lime**
[laim 라임] 라임

678 **cherry**
[tʃéri 체리] 체리

679 **Korean melon**
[kərí:ən_mélən 커리-언 멜런] 참외

680 **kiwi fruit**
[kí:wi_fru:t 키-위 프루-트] 키위

681 **grapefruit**
[gréipfrù:t 그레입프루-트] 자몽

682 **papaya**
[pəpá:jə 퍼파-여] 파파야

683 **fig**
[fig 피그] 무화과

684 **apricot**
[éiprəkàt 에이프러캇] 살구

685 **litchi**
[lí:tʃi 리-취-] 여지

686 **avocado**
[æ̀vəká:dou 애버카-도우] 아보카도

687 **chestnut**
[tʃésnʌt 체스넛] 밤

688 **pomegranate**
[páməgræ̀nit 파머그래닛] 석류

A 다음 그림에 해당하는 영어 단어를 연결해 보세요.

1	2	3	4	5

plum   grapefruit   Korean melon   kiwi fruit   papaya

B 다음 각 영어 단어의 뜻을 우리말로 써 보세요.

1 lime _____   2 fig _____

3 apricot _____   4 litchi _____

5 chestnut _____   6 pomegran<u>ate</u> _____

C 다음 영어 문장을 읽고 빈칸에 알맞은 영어 단어를 써 넣으세요.

1 Hi, still have the _____ cake?
안녕하세요, 아직 파인애플 케이크 있어요?

2 The _____ has a sour taste.
레몬은 신맛을 가지고 있다.

3 How do you eat a _____?
너는 망고를 어떻게 먹니?

4 I'm eating a _____ pie.
난 체리 파이를 먹고 있어.

5 He likes _____ salad.
그는 아보카도가 들어간 샐러드를 좋아한다.

689 **lettuce**
[létis 레티스] 상추

690 **cabbage**
[kǽbidʒ 캐비쥐] 양배추

691 **chinese cabbage**
[tʃainíːz_kǽbidʒ 차이니-즈 캐비쥐] 배추

692 **onion**
[ʌ́njən 어니언] 양파

693 **green onion**
[griːn_ʌ́njən 그리-인 어니언] 파

694 **carrot**
[kǽrət 캐럿] 당근

695 **pumpkin**
[pʌ́mpkin 펌킨] 호박

696 **garlic**
[gɑ́ːrlik 가-알릭] 마늘

697 **ginger**
[dʒíndʒər 진저] 생강

698 **bell pepper**
[bel_pépər 벨 페퍼] 피망

699 **bean sprout**
[biːn_spraut 비-인 스프라우트] 콩나물

700 **potato**
[pətéitou 퍼테이토우] 감자

701 **sweet potato**
[swiːt_pətéitou 스위-트 퍼테이토우] 고구마

702 **tomato**
[təméitou 터메이토우] 토마토

703 **spinach**
[spínitʃ 스피니취] 시금치

704 **celery**
[séləri 쎌러리] 셀러리

A 다음 그림에 해당하는 영어 단어를 연결해 보세요.

1	2	3	4	5

· · · · ·

· · · · ·

carrot   garlic   tomato   celery   potato

B 다음 각 영어 단어의 뜻을 우리말로 써 보세요.

1 lettuce _____   2 green on_____

3 chinese cabbage _____   4 bell pepp_____

5 bean sprout _____   6 sweet pot_____

C 다음 영어 문장을 읽고 빈칸에 알맞은 영어 단어를 써 넣으세요.

1 Do you like _____?
양배추 좋아하니?

2 The soup tastes of _____.
그 수프는 양파 맛이 난다.

3 She is drawing a _____.
그녀는 호박을 그리고 있다.

4 Do you like to eat _____?
너 시금치 먹는 거 좋아하니?

5 Drinking hot _____ tea is a great idea.
뜨거운 생강차를 마시는 것은 좋은 생각이야.

705 broccoli
[brάkəli 브라컬리] 브로콜리

706 mushroom
[mΛʃruːm 머쉬루-움] 버섯

707 eggplant
[égplænt 에그플랜트] 가지

708 green pepper
[griːn_pépər 그리-인 페퍼] 그린페퍼(피망)

709 cucumber
[kjúːkəmbər 큐-컴버] 오이

710 pepper
[pépər 페퍼] 고추

711 asparagus
[əspǽrəgəs 어스패러거스] 아스파라거스

712 cauliflower
[kɔ́ːliflàuər 코-올리플라워] 꽃양배추

713 parsley
[pάːrsli 파-슬리] 파슬리

714 pea
[pi: 피-] 완두콩

715 daikon
[dáikɑn 다이칸] 무

716 turnip
[tə́ːrnip 터-닙] 순무

717 Chinese chive
[tʃainíːz_tʃaiv 차이니-즈 차이브] 부추

718 perilla leaf
[pərilə_liːf 퍼릴러 리-프] 깻잎

719 beetroot
[bíːtrùːt 비-트루-트] 비트

720 marrow
[mǽrou 매로우] 서양호박

A 다음 그림에 해당하는 영어 단어를 연결해 보세요.

1	2	3	4	5

broccoli   eggplant   green pepper   asparagus   pea

B 다음 각 영어 단어의 뜻을 우리말로 써 보세요.

1 cauliflower _____

2 daikon _____

3 Chinese chive _____

4 perilla leaf _____

5 beetroot _____

6 marrow _____

C 다음 영어 문장을 읽고 빈칸에 알맞은 영어 단어를 써 넣으세요.

1 I had _____ soup for dinner.
저녁으로 버섯 스프를 먹었다.

2 The _____ is green.
오이는 녹색이다.

3 This _____ is very spicy.
이 고추는 무척 매워요.

4 His favorite vegetable is _____.
그가 가장 좋아하는 채소는 파슬리다.

5 She wants to eat the _____.
그녀는 순무를 먹고 싶어 한다.

721 corn
[kɔːrn 코-온] 곡식, 옥수수

722 rice
[rais 라이스] 쌀

723 wheat
[hwiːt 위-트] 밀

724 flour
[flauər 플라워] 밀가루

725 oat
[out 오우트] 귀리

726 rye
[rai 라이] 호밀

727 whole wheat
[houl_hwiːt 호울 위-트] 통밀

728 barley
[báːrli 바-리] 보리

729 bean
[biːn 비-인] 콩

730 soy bean
[sɔi_biːn 쏘이 비-인] 대두

731 red-bean
[red_biːn 레드 비-인] 팥

732 kidney bean
[kídni_biːn 키드니 비-인] 강낭콩

733 nut
[nut 너트] 견과

734 peanut
[píːnʌt 피-넛] 땅콩

735 almond
[áːmənd 아-먼드] 아몬드

736 walnut
[wɔ́ːlnʌt 워-얼넛] 호두

A 다음 그림에 해당하는 영어 단어를 연결해 보세요.

1	2	3	4	5

bean   red-bean   almond   corn   walnut

B 다음 각 영어 단어의 뜻을 우리말로 써 보세요.

1 flour   _____   2 oat   _____

3 rye   _____   4 whole wheat _____

5 kidney bean _____   6 soy bean _____

C 다음 영어 문장을 읽고 빈칸에 알맞은 영어 단어를 써 넣으세요.

1 Please put _____ butter on it.
땅콩버터를 발라주세요.

2 We existed on a diet of _____.
우리는 쌀을 주식으로 먹고 살았다.

3 The _____ fields extended endlessly.
밀밭이 끝없이 이어졌다.

4 The cattle are fed _____.
그 소들에게는 보리를 사료로 먹인다.

5 These _____s shell easily.
이 견과류는 껍질이 잘 벗겨진다.

PART 4

학교에서
볼 수 있는
단어

737
education
[èdʒukéiʃən 에쥬케이션] 교육

738
school
[sku:l 스쿠-울] 학교

739
elementary school
[èləméntəri_sku:l 엘러멘터리 스쿠-울]
초등학교

740
junior high school
[dʒú:njər_hai_sku:l 주-니어 하이 스쿠-울]
중학교

741
high school
[hai_sku:l 하이 스쿠-울] 고등학교

742
pupil
[pjú:pl 퓨-플] (어린) 학생

743
student
[stjú:dnt 스튜-든트] 학생

744
friend
[frend 프렌드] 친구

745
schoolgirl
[skú:lgə̀:rl 스쿠-울거-얼] 여학생

746
schoolboy
[skú:lbɔ̀i 스쿠-울보이] 남학생

747
teacher
[tí:tʃər 티-처] 선생님

748
tutor
[tjú:tər 튜-터] 가정교사

749
principal
[prínsəpl 프린써플] 교장 선생님

750
institute
[ínstətjù:t 인스터튜-트] 학원

751
grade
[greid 그레이드] 학년

752
classmate
[klǽsmèit 클래스메이트] 동급생

A 다음 그림에 해당하는 영어 단어를 연결해 보세요.

1	2	3	4	5

pupil   schoolgirl   schoolboy   principal   classmate

B 다음 각 영어 단어의 뜻을 우리말로 써 보세요.

1 education _____   2 elementary school _____

3 junior high school _____   4 high school _____

5 institute _____   6 tutor _____

C 다음 영어 문장을 읽고 빈칸에 알맞은 영어 단어를 써 넣으세요.

1 Come straight home after _____.
학교 끝나면 곧장 집으로 와.

2 I'm a _____ of this school.
저는 이 학교의 학생입니다.

3 Who's your form _____?
너희 반 담임 선생님은 누구시니?

4 What _____ are you in?
넌 몇 학년이니?

5 Who is the tallest of your _____?
네 친구 중에 누가 제일 크니?

117

753 schoolyard
[skú:ljà:rd 스쿠-울야-드] 교정

754 school building
[sku:l_bíldiŋ 스쿠-울 빌딩] 학교 건물

755 playground
[pléigràund 플레이그라운드] 운동장

756 track
[træk 트랙] 트랙

757 rooftop
[rú:ftàp 루-프탑] 옥상

758 swimming pool
[swímiŋ_pu:l 스위밍 푸-울] 수영장

759 tennis court
[ténis_kɔ:rt 테니스 코-트] 테니스코트

760 see-saw
[sí:sɔ́: 씨-쏘-] 시소

761 restroom
[réstrù:m 레스트루-움] 화장실

762 teacher's room
[tí:tʃərs_ru:m 티-처스 루-움] 교무실

763 classroom
[klǽsrù:m 클래스루-움] 교실

764 music room
[mjú:zik_ru:m 뮤-직 루-움] 음악실

765 school cafeteria
[skú:l_kæ̀fətíəriə 스쿠-울 캐퍼티어리어] 식당

766 library
[láibrèri 라이브레리] 도서관

767 gym
[dʒím 짐] 체육관

768 auditorium
[ɔ́:ditɔ́:riəm 오-디토-리엄] 강당

118

A 다음 그림에 해당하는 영어 단어를 연결해 보세요.

1	2	3	4	5

schoolyard　　tennis court　　see-saw　　music room　schoolcafeteria

B 다음 각 영어 단어의 뜻을 우리말로 써 보세요.

1　restroom＿＿＿＿＿＿＿＿＿

2　track　　＿＿＿＿＿＿＿＿＿

3　school building＿＿＿＿＿

4　teacher's <u>room</u>＿＿＿＿＿

5　library　＿＿＿＿＿＿＿＿

6　auditorium＿＿＿＿＿＿＿＿

C 다음 영어 문장을 읽고 빈칸에 알맞은 영어 단어를 써 넣으세요.

1　There were many boys on the ＿＿＿＿＿.
운동장에는 많은 소년들이 있었다.

2　Shall we go up to the ＿＿＿＿＿ of the school?
학교 옥상에 올라가볼까?

3　Our school has a ＿＿＿＿＿＿＿＿＿.
우리 학교에는 수영장이 있다.

4　My ＿＿＿＿＿ is on the first floor.
우리 교실은 1층에 있다.

5　The cafeteria is next to the ＿＿＿＿＿.
식당은 체육관 옆에 있다.

119

769 **blackboard**
[blǽkbɔ̀ːrd 블랙보-드] 칠판

770 **chalk**
[tʃɔːk 초-크] 분필

771 **blackboard eraser**
[blǽkbɔ̀ːrd_iréisər 블랙보-드 이레이서]
칠판지우개

772 **desk**
[desk 데스크] 책상

773 **chair**
[tʃɛər 체어] 의자

774 **book**
[buk 북] 책

775 **textbook**
[tékstbùk 텍스트북] 교과서

776 **dictionary**
[díkʃənèri 딕셔네리] 사전

777 **globe**
[gloub 글로우브] 지구의

778 **picture**
[píktʃər 픽처] 그림

779 **map**
[mæp 맵] 지도

780 **schedule**
[skédʒuːl 스케주-울] 시간표

781 **flag**
[flæg 플래그] 깃발

782 **bulletin board**
[búlətin_bɔːrd 불러틴 보-드] 게시판

783 **calendar**
[kǽlindər 캘린더] 달력

784 **locker**
[lákər 락커] 사물함

A 다음 그림에 해당하는 영어 단어를 연결해 보세요.

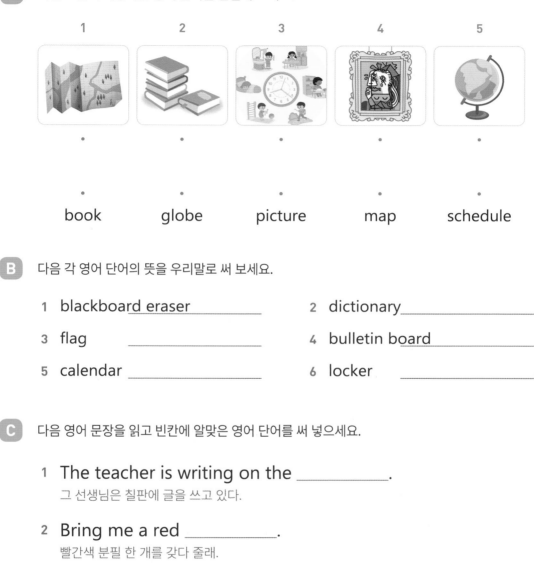

1   2   3   4   5

book   globe   picture   map   schedule

B 다음 각 영어 단어의 뜻을 우리말로 써 보세요.

1   blackboard eraser _____

2   dictionary _____

3   flag _____

4   bulletin board _____

5   calendar _____

6   locker _____

C 다음 영어 문장을 읽고 빈칸에 알맞은 영어 단어를 써 넣으세요.

1   The teacher is writing on the _____.
그 선생님은 칠판에 글을 쓰고 있다.

2   Bring me a red _____.
빨간색 분필 한 개를 갖다 줄래.

3   The students were sitting at their _____.
학생들은 책상에 앉아 있었다.

4   He jumped up from his _____.
그가 의자에서 벌떡 일어섰다.

5   Can I borrow your _____?
교과서 좀 빌려줄 수 있니?

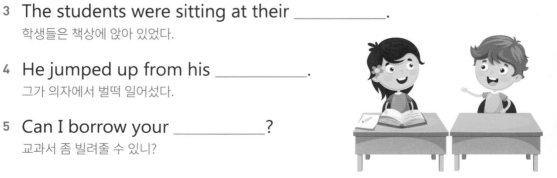

785 **attendance**
[əténdəns 어텐던스] 출석

786 **absence**
[ǽbsəns 앱썬스] 결석

787 **homework**
[houmwə:rk 호움워-크] 숙제

788 **preview**
[prí:vjù: 프리-뷰-] 예습

789 **review**
[rivjú: 리뷰-] 복습

790 **exam**
[igzǽm 이그잼] 시험

791 **after school**
[ǽftər_sku:l 애프터 스쿠-울] 방과 후

792 **subject**
[sʌ́bdʒikt 써브직트] 과목

793 **Korean**
[kərí:ən 커리-언] 국어

794 **English**
[íŋgliʃ 잉글리쉬] 영어

795 **mathematics**
[mæ̀θəmǽtiks 매써매틱스] 수학 cf. math

796 **science**
[sáiəns 싸이언스] 과학

797 **social studies**
[sóuʃəl_stʌ́diz 쏘우셜 스터디즈] 사회

798 **history**
[hístəri 히스터리] 역사

799 **art**
[ɑ:rt 아-트] 미술

800 **music**
[mjú:zik 뮤-직] 음악

A 다음 그림에 해당하는 영어 단어를 연결해 보세요.

1   2   3   4   5

mathematics   subject   science   art   music

B 다음 각 영어 단어의 뜻을 우리말로 써 보세요.

1 attendance _____

2 absence _____

3 preview _____

4 review _____

5 social studies _____

6 history _____

C 다음 영어 문장을 읽고 빈칸에 알맞은 영어 단어를 써 넣으세요.

1 Haven't you finished your _____ yet?
너 숙제 아직 안 끝냈니?

2 She got full marks in the _____.
그녀는 그 시험에서 만점을 받았다.

3 I need to improve my _____.
나는 영어 실력을 향상시켜야 한다.

4 What do you do _____?
넌 방과 후에 무얼 하니?

5 Can you speak _____?
너는 한국어를 할 줄 아니?

123

801
add
[æd 애드] 더하다

802
plus
[plʌs 플러스] 더하기

803
minus
[máinəs 마이너스] 빼기

804
multiply
[mʌ́ltiplài 멀티플라이] 곱하다

805
divide
[diváid 디바이드] 나누다

806
equal
[íːkwəl 이-퀄] 동등한

807
weight
[weit 웨이트] 무게

808
length
[leŋkθ 렝쓰] 길이

809
speed
[spiːd 스피-드] 속도

810
area
[ɛ́əriə 에어리어] 면적

811
volume
[váljuːm 발류-움] 용량

812
solve
[sɑlv 살브] 풀다

813
calculate
[kǽlkjulèit 캘큐레이트] 계산하다

814
quarter
[kwɔ́ːrtər 쿼-터] 4분의 1

815
half
[hæf 해프] 2분의 1, 절반

816
problem
[prábləm 프라블럼] 문제

A 다음 그림에 해당하는 영어 단어를 연결해 보세요.

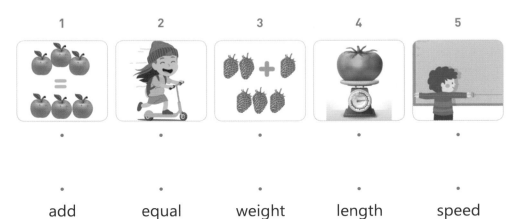

add   equal   weight   length   speed

B 다음 각 영어 단어의 뜻을 우리말로 써 보세요.

1 area   _____

2 volume   _____

3 solve   _____

4 calculate   _____

5 quarter   _____

6 half   _____

C 다음 영어 문장을 읽고 빈칸에 알맞은 영어 단어를 써 넣으세요.

1 One _____ two equals three (1+2=3).
1 더하기 2는 3이다.

2 Seven _____ three is four (7-3=4).
7 빼기 3은 4이다.

3 _____ 2 and 6 together and you get 12.
2와 6을 함께 곱하면 12가 된다.

4 If you _____ nine by three, you get three.
9를 3으로 나누면 3이다.

5 Can you solve this _____?
넌 이 문제를 풀 수 있니?

817 **draw**
[drɔ: 드로-] (선으로) 그리다

818 **paint**
[peint 페인트] (물감으로) 그리다

819 **sketchbook**
[skétʃbùk 스케취북] 스케치북

820 **crayon**
[kréiən 크레이언] 크레용

821 **watercolor**
[wɔ́:tərkʌ̀lər 워-터컬러] 수채화

822 **oil painting**
[ɔil_péintiŋ 오일 페인팅] 유화

823 **drawing**
[drɔ́:iŋ 드로-잉] 데생

824 **calligraphy**
[kəlígrəfi 컬리그러피] 서예

825 **piano**
[piǽnou 피애노우] 피아노

826 **trumpet**
[trʌ́mpit 트럼핏] 트럼펫

827 **recorder**
[rikɔ́:rdər 리코-더] 리코더

828 **castanet**
[kæstənéts 캐스터넷츠] 캐스터네츠

829 **organ**
[ɔ́:rgən 오-건] 오르간

830 **cymbals**
[símbəlz 씸벌즈] 심벌즈

831 **flute**
[flu:t 플루-트] 플루트

832 **drum**
[drʌm 드럼] 드럼

A 다음 그림에 해당하는 영어 단어를 연결해 보세요.

1	2	3	4	5

trumpet castanets organ cymbals flute

B 다음 각 영어 단어의 뜻을 우리말로 써 보세요.

1 crayon _____   2 watercolor_____

3 oil painting_____   4 drawing _____

5 calligraphy_____   6 drum _____

C 다음 영어 문장을 읽고 빈칸에 알맞은 영어 단어를 써 넣으세요.

1 _____ a line from point A to point B.
지점 A에서 B까지 줄을 그어라.

2 I _____ once in a while.
나는 가끔 그림을 그린다.

3 Where is my _____?
내 스케치북이 어디 있지?

4 I've got a _____ lesson later today.
난 오늘 늦게 피아노 레슨이 있어.

5 Do you play the _____ well?
너 리코더 잘 하니?

833 **teach**
[ti:tʃ 티-취] 가르치다

834 **learn**
[lə:rn 러-언] 배우다

835 **understand**
[ʌndərstǽnd 언더스탠드] 이해하다

836 **problem**
[prábləm 프라블럼] 문제

837 **question**
[kwéstʃən 퀘스천] 질문

838 **answer**
[ǽnsər 앤써] 대답

839 **exam**
[igzǽm 이그잼] 시험

840 **score**
[skɔ:r 스코-] 점수

841 **pass**
[pæs 패스] 통과하다

842 **example**
[igzǽmpl 이그잼플] 예, 보기

843 **copy**
[kápi 카피] 베끼다

844 **spell**
[spel 스펠] 철자를 말하다[쓰다]

845 **word**
[wə:rd 워-드] 단어, 낱말

846 **rest**
[rest 레스트] 휴식

847 **picnic**
[píknik 피크닉] 소풍

848 **vacation**
[veikéiʃən 베이케이션] 방학

A 다음 그림에 해당하는 영어 단어를 연결해 보세요.

1	2	3	4	5

example   score   rest   picnic   vacation

B 다음 각 영어 단어의 뜻을 우리말로 써 보세요.

1 understand _____   2 problem _____

3 question _____   4 answer _____

5 copy _____   6 word _____

C 다음 영어 문장을 읽고 빈칸에 알맞은 영어 단어를 써 넣으세요.

1 Please _____ me how to cook.
어떻게 요리하는 건지 가르쳐 주세요.

2 I'd like to _____ a new language.
난 새로운 언어를 배우고 싶다.

3 He got full marks in the _____.
그는 그 시험에서 만점을 받았다.

4 The score is too low to _____.
그 점수로는 합격하기 힘들다.

5 How do you _____ your name?
네 이름 철자가 어떻게 되니?

129

849
pen
[pen 펜] 펜

850
pencil
[pénsl 펜슬] 연필

851
ball point pen
[bɔːl_pɔint_pen 보-올 포인트 펜] 볼펜

852
pencil case
[pénsl_keis 펜슬 케이스] 필통

853
colored pencil
[kʌləɾd_pénsl 컬러드 펜슬] 색연필

854
pencil sharpener
[pénsl_ʃɑːpnə 펜슬 샤-프너] 연필깎이

855
eraser
[iréisəɾ 이레이써] 지우개

856
rubber
[rʌbəɾ 러버] 고무지우개

857
ruler
[rúːləɾ 루-울러] 자

858
notebook
[nóutbùk 노우트북] 공책

859
diary
[dáiəri 다이어리] 일기장

860
glue
[gluː 글루-] 접착제, 풀

861
scissors
[sízəːrz 씨저-즈] 가위

862
paper
[péipəɾ 페이퍼] 종이

863
paper clip
[péipəɾ_klip 페이퍼 클립] 클립

864
stapler
[stéipləɾ 스테이플러] 스테이플러

A 다음 그림에 해당하는 영어 단어를 연결해 보세요.

1	2	3	4	5

ruler   glue   scissors   paper   paper clip

B 다음 각 영어 단어의 뜻을 우리말로 써 보세요.

1 ball point pen _____   2 colored pencil _____

3 pencil sharpener _____   4 rubber _____

5 pen _____   6 stapler _____

C 다음 영어 문장을 읽고 빈칸에 알맞은 영어 단어를 써 넣으세요.

1 Ring the correct answer in _____.
연필로 맞는 답에 O표를 하세요.

2 Where's your _____?
네 필통은 어디 있니?

3 Erase your handwriting with an _____.
글씨를 지우개로 지우세요.

4 The boy is writing in her _____.
소년이 공책에 글을 쓰고 있다.

5 I have to buy a picture _____ today.
오늘은 그림일기장을 사야 해.

131

865 **box cutter**
[bɑks_kʌ́tər 박스 커터] 커터칼

866 **thumbtack**
[θʌ́mtæk 썸택] 압정

867 **push pin**
[puʃ_pin 푸쉬 핀] 압핀

868 **compasses**
[kʌ́mpəs 컴퍼스] 컴퍼스

869 **sticker**
[stíkər 스티커] 스티커

870 **triangle ruler**
[tráiæŋgl_rú:lər 트라이앵글 룰-러] 삼각자

871 **Post-it note**
[poust_it_nout 포우스트 잇 노우트]
접착식메모지

872 **file**
[fail 파일] 파일

873 **letter paper**
[létər_péipər 래터 페이퍼] 편지지

874 **envelope**
[énvəlòup 엔벌로우프] 봉투

875 **beaker**
[bíːkər 비-커] 비커

876 **highlighter**
[hailáitər 하이라이터] 형광펜

877 **microscope**
[máikrəskòup 마이크러스코우프] 현미경

878 **magnet**
[mǽgnit 매그니트] 자석

879 **compass**
[kʌ́mpəs 컴퍼스] 나침반

880 **sticky tape**
[stíki_teip 스티키 테이프] 스카치테이프

A 다음 그림에 해당하는 영어 단어를 연결해 보세요.

1   2   3   4   5

box cutter   thumbtack   push pin   Post-it note   file

B 다음 각 영어 단어의 뜻을 우리말로 써 보세요.

1 letter paper _____

2 beaker _____

3 highlighter _____

4 magnet _____

5 compass _____

6 sticky tape _____

C 다음 영어 문장을 읽고 빈칸에 알맞은 영어 단어를 써 넣으세요.

1 I bought a _____ at the stationery store.
문방구에서 컴퍼스를 하나 샀다.

2 This _____ won't come off easily.
이 스티커는 좀처럼 떨어지지 않는다.

3 I need a _____ in math class today.
오늘 수학시간에는 삼각자가 필요해.

4 He stuck a stamp on the _____.
그는 봉투에 우표를 붙였다.

5 Take a look at the _____?
여기 현미경 좀 들여다 봐.

881 **computer**
[kəmpjúːtər 컴퓨-터] 컴퓨터

882 **laptop**
[læptὰp 랩탑] 노트북

883 **mouse**
[maus 마우스] 마우스

884 **keyboard**
[kíːbɔ́ːrd 키-보-드] 키보드

885 **program**
[próugræm 프로우그램] 프로그램

886 **home page**
[houm_peidʒ 호움 페이지] 홈페이지

887 **web site**
[web_sait 웹 싸이트] 웹사이트

888 **message**
[mésidʒ 메씨쥐] 메시지

889 **chatting**
[tʃǽtiŋ 채팅] 채팅

890 **e-mail**
[íːmèil 이-메일] 이메일

891 **print**
[print 프린트] 프린트(하다)

892 **click**
[klik 클릭] 클릭(하다)

893 **delete**
[dilíːt 딜리-트] 삭제하다

894 **copy**
[kάpi 카피] 복사(하다)

895 **paste**
[peist 페이스트] (복사하여) 붙이다

896 **Identification(ID)**
[aidèntifikéiʃən 아이덴티픽케이션] 아이디

A 다음 그림에 해당하는 영어 단어를 연결해 보세요.

1   2   3   4   5

laptop   program   home page   message   print

B 다음 각 영어 단어의 뜻을 우리말로 써 보세요.

1   web site   _____   2   chatting   _____

3   delete   _____   4   copy   _____

5   paste   _____   6   Identification(ID)   _____

C 다음 영어 문장을 읽고 빈칸에 알맞은 영어 단어를 써 넣으세요.

1   Whose personal _____ is this?
이 컴퓨터는 누구 거죠?

2   Click the left _____ button.
마우스 왼쪽 버튼을 클릭해봐.

3   My _____ isn't working.
키보드가 말을 듣지 않아요.

4   Did you see the _____ I sent you yesterday?
어제 내가 보낸 이메일 봤니?

5   _____ on the icon when you want to print.
프린트를 하려면 아이콘을 클릭해라.

897 **tennis club**
[ténis_klʌb 테니스 클럽] 테니스부

898 **soccer club**
[sάkər_klʌb 싸커 클럽] 축구부

899 **baseball club**
[béisbɔ̀:l_klʌb 베이스보-올 클럽] 야구부

900 **basketball club**
[bǽskitbɔ̀:l_klʌb 배스킷보-올 클럽] 농구부

901 **volleyball club**
[vάlibɔ̀:l_klʌb 발리보-올 클럽] 배구부

902 **table tennis club**
[téibl_ténis_klʌb 테이블 테니스 클럽] 탁구부

903 **swimming club**
[swímiŋ_klʌb 스위밍 클럽] 수영부

904 **badminton club**
[bǽdmintən_klʌb 배드민턴 클럽] 배드민턴부

905 **art club**
[ɑ:rt_klʌb 아-트 클럽] 미술반

906 **drama club**
[drά:mə_klʌb 드라-머 클럽] 연극반

907 **chorus club**
[kɔ́:rəs_klʌb 코-러스 클럽] 합창반

908 **science club**
[sáiəns_klʌb 사이언스 클럽] 과학반

909 **broadcasting club**
[brɔ́:dkæstiŋ_klʌb 브로-드캐스팅 클럽] 방송반

910 **cooking class**
[kúkiŋ_klæs 쿠킹 클래스] 요리반

911 **calligraphy club**
[kəlígrəfi_klʌb 컬리그러피 클럽] 서예반

912 **newspaper club**
[njú:zpèipər_klʌb 뉴-즈페이퍼 클럽] 신문반

A 다음 그림에 해당하는 영어 단어를 연결해 보세요. *club(부/반)은 생략하였음

tennis   basketball   volleyball   table tennis   swimming

B 다음 각 영어 단어의 뜻을 우리말로 써 보세요.

1 badminton club _____   2 drama club _____

3 chorus club _____   4 broadcasting club _____

5 cooking class _____   6 calligraphy club _____

C 다음 영어 문장을 읽고 빈칸에 알맞은 영어 단어를 써 넣으세요.

1 I'm a member of a school _____.
   나는 학교 축구부 멤버야.

2 Jake belongs to the junior _____.
   잭은 청소년 야구부에 소속되어 있다.

3 How about joining our _____?
   우리 미술반에 가입하는 거 어때?

4 How about joining the _____ after school?
   방과 후 과학반에 들어가는 게 어때?

5 I work in a _____ after school.
   나는 방과 후 신문반에서 활동한다.

913 **hobby**
[hábi 하비] 취미

914 **music**
[mjú:zik 뮤-직] 음악

915 **movie**
[mú:vi 무-비] 영화

916 **play**
[plei 플레이] 연극

917 **concert**
[kánsərt 칸써트] 콘서트

918 **musical**
[mjú:zikəl 뮤-지컬] 뮤지컬

919 **dance**
[dæns 댄스] 춤

920 **comics**
[kámiks 카믹스] 만화

921 **cartoon**
[kɑːrtúːn 카-투-운] (신문 등의 한 컷) 만화

922 **animation**
[æniméiʃən 애니메이션] 만화영화

923 **photography**
[fətɔ́grəfi 퍼토그러피] 사진

924 **hiking**
[háikiŋ 하이킹] 하이킹

925 **painting**
[péintiŋ 페인팅] 그림그리기

926 **knitting**
[nítiŋ 니팅] 뜨개질

927 **pottery**
[pátəri 파터리] 도자기공예

928 **collection**
[kəlékʃən 컬렉션] 수집

A 다음 그림에 해당하는 영어 단어를 연결해 보세요.

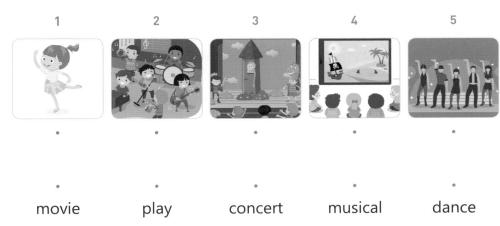

| 1 | 2 | 3 | 4 | 5 |

movie   play   concert   musical   dance

B 다음 각 영어 단어의 뜻을 우리말로 써 보세요.

1 cartoon _____   2 animation_____

3 photography_____   4 hiking _____

5 pottery _____   6 collection_____

C 다음 영어 문장을 읽고 빈칸에 알맞은 영어 단어를 써 넣으세요.

1 My _____ is dancing.
내 취미는 춤추는 거야.

2 What kind of _____ do you like?
어떤 종류의 음악을 좋아하니?

3 Webtoons are _____ posted online.
웹툰은 온라인에 게재되는 만화이다.

4 I went to the art museum to see the _____s.
그림을 보러 미술관에 갔다.

5 Where's my _____?
내 뜨개질감 어딨지?

PART **5**

도시에서
볼 수 있는
단어

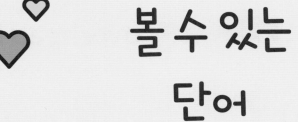

929 **road**
[roʊd 로우드] 길, 도로

930 **freeway**
[fríːwèi 프리-웨이] 고속도로

931 **airport**
[ɛ́ərpɔ̀ːrt 에어포-트] 공항

932 **harbor**
[háːrbər 하-버] 항구

933 **railroad**
[réilròud 레일로우드] 철도

934 **train station**
[tréin stéiʃən 트레인 스테이션] 기차역

935 **subway station**
[sʌ́bwèi stéiʃən 썹웨이 스테이션] 지하철역

936 **bus terminal**
[bʌs tɔ́ːrminl 버스 터-미늘] 버스터미널

937 **bus stop**
[bʌ́s stáp 버스 스탑] 버스정류장

938 **taxi stand**
[tǽksi stænd 택시 스탠드] 택시승강장

939 **tunnel**
[tʌ́nl 터늘] 터널

940 **bridge**
[bridʒ 브리쥐] 다리

941 **overhead bridge**
[óuvərhéd bridʒ 오우버헤드 브리쥐] 육교

942 **underpass**
[ʌ́ndərpæ̀s 언더패스] 지하도

943 **intersection**
[ìntərsékʃən 인터쎅션] 교차로

944 **parking lot**
[páːrkiŋ lɑt 파-킹 랏] 주차장

A 다음 그림에 해당하는 영어 단어를 연결해 보세요.

1	2	3	4	5

train station   bus terminal   bus stop   taxi stand   parking lot

B 다음 각 영어 단어의 뜻을 우리말로 써 보세요.

1 underpass_____   2 road _____

3 tunnel _____   4 bridge _____

5 overhead bridge _____   6 intersection_____

C 다음 영어 문장을 읽고 빈칸에 알맞은 영어 단어를 써 넣으세요.

1 There were many cars on the _____.
   고속도로에는 차가 많았다.

2 Will you meet me at the _____?
   공항에 날 마중 나올 거니?

3 The boat is docked in the _____.
   배가 항구에 정박해 있다.

4 We live close by the _____.
   우리는 기찻길 옆에 산다.

5 Where's the nearest _____?
   제일 가까운 지하철역이 어디죠?

945 **sidewalk**
[sáidwɔ́:k 싸이드워-크] 인도, 보도

946 **street**
[stri:t 스트리-트] 차도, 거리

947 **crosswalk**
[krɔ́:swɔ́:k 크로-스워-크] 횡단보도

948 **steps**
[steps 스텝스] 계단

949 **road sign**
[roud_sain 로우드 싸인] 거리 표지판

950 **corner**
[kɔ́:rnər 코-너] 길모퉁이

951 **street light**
[stri:t_lait 스트리-트 라이트] 가로등

952 **traffic light**
[træfik_lait 트래픽 라이트] 교통신호등

953 **gas station**
[gæs_stéiʃən 개스 스테이션] 주유소

954 **seat belt**
[si:t_belt 씨-트 벨트] 안전벨트

955 **fare**
[fɛər 페어] 운임, 통행료

956 **passenger**
[pǽsindʒər 패신저] 승객

957 **express**
[iksprés 익스프레스] 급행

958 **arrive**
[əráiv 어리이브] 도착하다

959 **transfer**
[trænsfə́:r 트랜스퍼-] 갈아타다

960 **land**
[lænd 랜드] 착륙하다

A 다음 그림에 해당하는 영어 단어를 연결해 보세요.

1	2	3	4	5

street   steps   road sign   gas station   seat belt

B 다음 각 영어 단어의 뜻을 우리말로 써 보세요.

1 corner _____   2 fare _____

3 passenger_____   4 express _____

5 arrive _____   6 land _____

C 다음 영어 문장을 읽고 빈칸에 알맞은 영어 단어를 써 넣으세요.

1 The people are walking down the _____.
사람들이 인도를 걸어가고 있다.

2 Let's cross the street at the _____.
횡단보도에서 길을 건너자.

3 They're under a _____.
사람들이 가로등 아래에 있다.

4 The bus has stopped for a _____.
버스가 교통신호등에서 멈췄다.

5 Where do I need to _____?
어느 역에서 갈아타야 합니까?

961 **bus**
[bʌs 버스] 버스

962 **taxi**
[tǽksi 택시] 택시

963 **train**
[trein 트레인] 기차

964 **subway**
[sʌ́bwèi 썹웨이] 지하철

965 **van**
[væn 밴] 승합차

966 **shuttle bus**
[ʃʌ́tl_bʌs 셔틀 버스] 셔틀버스

967 **truck**
[trʌk 트럭] 트럭

968 **fire engine**
[faiər_éndʒin 파이어 엔진] 소방차

969 **helicopter**
[hélikὰptər 헬리캅터] 헬리콥터

970 **police car**
[pəlíːs_kɑːr 펄리-스 카-] 경찰차

971 **airplane**
[ɛərplèin 에어플레인] 비행기

972 **boat**
[bout 보우트] 보트

973 **ship**
[ʃip 쉽] 배

974 **ferry**
[féri 페리] 여객선

975 **bicycle**
[báisikl 바이씨클] 자전거 cf. bike

976 **motorcycle**
[móutərsàikl 모우터싸이클] 오토바이

A 다음 그림에 해당하는 영어 단어를 연결해 보세요.

| 1 | 2 | 3 | 4 | 5 |

fire engine   helicopter   police car   bicycle   motorcycle

B 다음 각 영어 단어의 뜻을 우리말로 써 보세요.

1 van   _____   2 shuttle bus_____

3 truck   _____   4 boat   _____

5 ship   _____   6 ferry   _____

C 다음 영어 문장을 읽고 빈칸에 알맞은 영어 단어를 써 넣으세요.

1 Shall we walk or go by _____?
우리 걸어갈까 아님 버스로 갈까?

2 We went to the restaurant by _____.
우리는 택시를 타고 식당에 갔다.

3 It's quicker by _____.
기차로 가는 것이 더 빠르다.

4 I go to school by _____.
나는 지하철을 타고 학교에 간다.

5 Please board the _____ now.
지금 비행기에 탑승해 주십시오.

977 **city hall**
[síti_hɔ:l 씨티 호-올] 시청

978 **school**
[sku:l 스쿠-울] 학교

979 **library**
[láibrèri 라이브레리] 도서관

980 **bank**
[bæŋk 뱅크] 은행

981 **park**
[pɑ:rk 파-크] 공원

982 **fire station**
[faiər_stéiʃən 파이어 스테이션] 소방서

983 **post office**
[poust_ɔ́:fis 포우스트 오-피스] 우체국

984 **police station**
[pəlí:s_stéiʃən 펄리-스 스테이션] 경찰서

985 **hospital**
[háspitl 하스피틀] 병원

986 **hotel**
[houtél 호우텔] 호텔

987 **office building**
[ɔ́:fis_bíldiŋ 오-피스 빌딩] 사무실 빌딩

988 **notice board**
[nóutis_bɔ:rd 노우티스 보-드] 게시판

989 **trash can**
[træʃ_kæn 트래쉬 캔] 쓰레기통

990 **mailbox**
[méilbàks 메일박스] 우체통

991 **movie theater**
[mú:vi_θí:ətər 무-비 씨-어터] 영화관

992 **museum**
[mjuzí:əm 뮤지-엄] 박물관

A 다음 그림에 해당하는 영어 단어를 연결해 보세요.

| 1 | 2 | 3 | 4 | 5 |

school   fire station   post office   police station   hospital

B 다음 각 영어 단어의 뜻을 우리말로 써 보세요.

1 library _____

2 hotel _____

3 office building _____

4 notice board _____

5 mailbox _____

6 museum _____

C 다음 영어 문장을 읽고 빈칸에 알맞은 영어 단어를 써 넣으세요.

1 How can I get to the _____?
   시청에 어떻게 갈 수 있나요?

2 To the left of the hotel is the _____.
   호텔 왼쪽에 은행이 있다.

3 We took a turn around the _____.
   우리는 걸어서 공원을 한 바퀴 돌았다.

4 There is a _____ near my house.
   우리 집 근처에 영화관이 하나 있다.

5 There are no _____s on the street.
   거리에는 쓰레기통이 없다.

993 **bookstore**
[búkstɔ́ːr 북스토-] 서점

994 **stationery**
[stéiʃənèri 스테이셔네리] 문방구

995 **coffee shop**
[kɔ́ːfi ʃap 코-피 샵] 커피숍

996 **bakery**
[béikəri 베이커리] 빵집

997 **ice cream shop**
[ais_kriːm ʃap 아이스 크리-임 샵]
아이스크림 가게

998 **flower shop**
[fláuər ʃap 플라워 샵] 꽃집

999 **pharmacy**
[fáːrməsi 파-머씨] 약국

1000 **drug store**
[drʌg stɔːr 드러그 스토-] 잡화점

1001 **fruit shop**
[frúːt ʃap 프루-트 샵] 과일가게

1002 **grocery**
[gróusəri 그로우써리] 식료잡화점

1003 **supermarket**
[súːpərmàːrkit 수-퍼마-킷] 슈퍼마켓

1004 **convenience store**
[kənvíːniəns_stɔːr 컨비-니언스 스토-] 편의점

1005 **department store**
[dipáːrtmənt_stɔːr 디파-트먼트 스토-] 백화점

1006 **discount store**
[dískaunt_stɔːr 디스카운트 스토-] 할인점

1007 **shoe store**
[ʃúː_stɔːr 슈- 스토-] 신발가게

1008 **butcher**
[bútʃər 부처] 정육점

A 다음 그림에 해당하는 영어 단어를 연결해 보세요.

1   2   3   4   5

coffee shop   flower shop   pharmacy   supermarket   fruit shop

B 다음 각 영어 단어의 뜻을 우리말로 써 보세요.

1 drug store _____   2 stationery _____

3 grocery _____   4 discount store _____

5 shoe store _____   6 butcher _____

C 다음 영어 문장을 읽고 빈칸에 알맞은 영어 단어를 써 넣으세요.

1 I bought this book at the _____.
난 이 책을 서점에서 샀어요.

2 I buy bread in that _____.
나는 저 제과점에서 빵을 산다.

3 Why don't we go to the new _____?
우리 그 새로운 아이스크림 가게에 가지 않을래?

4 Where is the nearest _____?
가장 가까운 편의점이 어디 있어요?

5 I went to the _____ with my mom today.
오늘은 엄마랑 백화점에 갔다.

1009 restaurant
[réstərənt 레스터런트] 레스토랑

1010 public bathroom
[pʌ́blik_bǽθrùːm 퍼블릭 배쓰루-움]
공중화장실

1011 traditional market
[trədíʃənl_máːrkit 트러디셔늘 마-킷]
재래시장

1012 furniture store
[fə́ːrnitʃər_stɔːr 퍼-니처 스토-] 가구점

1013 real estate agency
[ríːəl_istéit_éidʒənsi 리-얼 이스테이트 에이전시] 부동산

1014 toy shop
[tɔ́i_ʃap 토이 샵] 장난감 가게

1015 karaoke room
[kærióuki_ruːm 캐리오우키 루-움] 노래방

1016 beauty salon
[bjúːti_səlán 뷰-티 썰란] 미용실

1017 dry cleaner's
[drai_klíːnərz 드라이 클리-너즈] 세탁소

1018 barber shop
[báːrbər_ʃap 바-버 샵] 이발소

1019 photo studio
[fóutou_stjúːdiòu 포우토우 스튜-디오우]
사진관

1020 recreation room
[rèkriéiʃən_ruːm 레크리에이션 루-움] 오락실

1021 hardware store
[haːrdwer_stɔːr 하-드웨어 스토-] 철물점

1022 pet shop
[pet_ʃap 펫 샵] 애완동물 가게

1023 optician's
[aptíʃəns 압티션스] 안경점

1024 street vendor
[striːt_véndər 스트리-트 벤더] 노점상

A 다음 그림에 해당하는 영어 단어를 연결해 보세요.

| 1 | 2 | 3 | 4 | 5 |

dry cleaner's   barber shop   pet shop   optician's   photo studio

B 다음 각 영어 단어의 뜻을 우리말로 써 보세요.

1 public bathroom _____   2 furniture store _____

3 real estate agency _____   4 karaoke room _____

5 hardware store _____   6 street vendor _____

C 다음 영어 문장을 읽고 빈칸에 알맞은 영어 단어를 써 넣으세요.

1 The _____ is not far from here.
그 식당은 여기서 멀지 않다.

2 A _____ is a noisy place.
재래시장은 시끌벅적한 장소이다.

3 I live next door to the _____.
나는 그 장난감 가게 옆집에 산다.

4 I went to _____ with my friends.
친구들이랑 미용실에 갔다.

5 They came out of the _____.
그들은 오락실에서 나왔다.

153

1025 **amusement park**
[əmjúːzmənt_paːrk 어뮤-즈먼트 파-크]
놀이공원

1026 **playground**
[pléigràund 플레이그라운드] 놀이터

1027 **bench**
[bentʃ 벤취] 벤치

1028 **square**
[skwɛər 스퀘어] 광장

1029 **theme park**
[θiːm_paːrk 씨-임 파-크] 테마파크

1030 **admission ticket**
[ædmíʃən_tíkit 애드미션 티킷] 입장권

1031 **ride**
[ráid 라이드] 놀이기구

1032 **roller coaster**
[róulər_kóustər 로울러 코우스터] 롤러코스터

1033 **face painting**
[féis_péintiŋ 페이스 페인팅] 페이스 페인팅

1034 **rest**
[rést 레스트] 휴식

1035 **picnic**
[píknik 피크닉] 소풍

1036 **game**
[géim 게임] 게임, 경기

1037 **flying kite**
[fláiiŋ_káit 플라잉 카이트] 연날리기

1038 **hide and seek**
[haid_ænd_siːk 하이드 앤드 씨-크] 숨바꼭질

1039 **skateboard**
[skéitbɔ̀ːrd 스케이트보-드] 스케이트보드

1040 **roller skate**
[róulər_skeit 로울러 스케이트] 롤러스케이트

A 다음 그림에 해당하는 영어 단어를 연결해 보세요.

1 2 3 4 5

bench   face painting   picnic   roller skate   flying kite

B 다음 각 영어 단어의 뜻을 우리말로 써 보세요.

1 square _____   2 admission ticket _____

3 ride _____   4 rest _____

5 game _____   6 hide and seek _____

C 다음 영어 문장을 읽고 빈칸에 알맞은 영어 단어를 써 넣으세요.

1 We will go to an _____ tomorrow.
   우리는 내일 놀이공원에 간다.

2 The children gathered on the _____.
   아이들이 놀이터에 모였다.

3 Which is your favourite _____?
   네가 가장 좋아하는 테마파크는 어디니?

4 The _____ is very scary.
   롤러코스터는 정말 무서워요.

5 The boy is on a _____.
   한 소년이 스케이트보드를 타고 있다.

1041 **sport**
[spɔːrt 스포-츠] 스포츠

1042 **player**
[pléiər 플레이어] 선수

1043 **coach**
[koutʃ 코우취] 코치

1044 **referee**
[rèfərí: 레퍼리-] 심판

1045 **director**
[diréktər 디렉터] 감독

1046 **win**
[win 윈] 이기다

1047 **cheering**
[tʃíəriŋ 취어링] 응원

1048 **exercise**
[éksərsàiz 엑서싸이즈] 운동

1049 **run**
[rʌn 런] 달리다

1050 **swim**
[swim 스윔] 수영하다

1051 **throw**
[θrou 쓰로우] 던지다

1052 **beat**
[biːt 비-트] 치다

1053 **rule**
[ruːl 루-울] 규칙

1054 **foul**
[faul 파울] 반칙

1055 **penalty**
[pénəlti 페널티] 반칙의 벌, 패널티

1056 **stadium**
[stéidiəm 스테이디엄] 경기장

A 다음 그림에 해당하는 영어 단어를 연결해 보세요.

1	2	3	4	5

coach   referee   director   swim   throw

B 다음 각 영어 단어의 뜻을 우리말로 써 보세요.

1 exercise _____   2 win _____

3 beat _____   4 rule _____

5 foul _____   6 penalty _____

C 다음 영어 문장을 읽고 빈칸에 알맞은 영어 단어를 써 넣으세요.

1 What is your favorite _____?
  넌 무슨 스포츠를 가장 좋아하니?

2 He's a very useful _____.
  그는 아주 훌륭한 선수이다.

3 _____ was very fun.
  응원은 정말 재미있었어.

4 I can _____ fast.
  나는 빨리 달릴 수 있다.

5 The game is played in a _____.
  경기장에서 경기가 진행되고 있다.

157

1057 **ball**
[bɔ:l 보-올] 공

1058 **baseball**
[béisbɔ́:l 베이스보-올] 야구

1059 **soccer**
[sákər 싸커] 축구

1060 **football**
[fútbɔ́:l 풋보-올] 미식축구

1061 **basketball**
[bǽskitbɔ́:l 배스킷보-올] 농구

1062 **volleyball**
[válibɔ́:l 발리보-올] 배구

1063 **table tennis**
[téibl_ténis 테이블 테니스] 탁구

1064 **bowling**
[bóuliŋ 보울링] 볼링

1065 **rugby**
[rʌ́gbi 럭비] 럭비

1066 **softball**
[sɔ́:ftbɔ́:l 쏘-프트보-올] 소프트볼

1067 **tennis**
[ténis 테니스] 테니스

1068 **badminton**
[bǽdmintn 배드민튼] 배드민턴

1069 **hockey**
[háki 하키] 하키

1070 **basketball court**
[bǽskitbɔ́:l_kɔ́:rt 배스킷보-올 코-트] 농구장

1071 **baseball park**
[béisbɔ́:l_pɑ:rk 베이스보-올 파-크] 야구장

1072 **soccer field**
[sákər_fi:ld 싸커 피-일드] 축구장

A 다음 그림에 해당하는 영어 단어를 연결해 보세요.

1	2	3	4	5

ball   baseball   volleyball   bowling   badminton

B 다음 각 영어 단어의 뜻을 우리말로 써 보세요.

1 rugby _____ 2 softball _____

3 hockey _____ 4 baseball park _____

5 soccer field _____ 6 basketball court _____

C 다음 영어 문장을 읽고 빈칸에 알맞은 영어 단어를 써 넣으세요.

1 Tom prefers _____ to baseball.
톰은 야구보다 축구를 좋아한다.

2 I broke my leg playing _____.
나는 미식축구를 하다가 다리가 부러졌다.

3 He likes to play _____.
그는 농구하는 것을 좋아한다.

4 Let's have a game of _____.
우리 탁구 한 게임 하자.

5 He's not much of a _____ player.
그는 대단한 테니스 선수가 못 된다.

159

1073 gymnastics
[dʒimnǽstiks 짐내스틱스] 체조

1074 sit-up
[sítʌp 씻업] 윗몸일으키기

1075 push-up
[púʃʌp 푸쉬업] 팔굽혀펴기

1076 chin-up
[tʃínʌp 친업] 턱걸이

1077 weight lifting
[weit_líftiŋ 웨이트 리프팅] 역도

1078 hiking
[háikiŋ 하이킹] 하이킹

1079 fencing
[fénsiŋ 펜씽] 펜싱

1080 shooting
[ʃúːtiŋ 슈-팅] 사격

1081 horseback riding
[hɔ́ːrsbæk_ráidiŋ 호-스백 라이딩] 승마

1082 skydiving
[skáidàiviŋ 스카이다이빙] 스카이다이빙

1083 cycling
[sáikliŋ 싸이클링] 사이클링

1084 swimming
[swímiŋ 스위밍] 수영

1085 marathon
[mǽrəθàn 매러싼] 마라톤

1086 skiing
[skíːiŋ 스키-잉] 스키

1087 skating
[skéitiŋ 스케이팅] 스케이팅

1088 in-line skating
[ín_làin_skéitiŋ 인라인 스케이팅]
인라인스케이팅

A 다음 그림에 해당하는 영어 단어를 연결해 보세요.

1	2	3	4	5

gymnastics weight lifting hiking fencing shooting

B 다음 각 영어 단어의 뜻을 우리말로 써 보세요.

1 horseback riding _____

2 skydiving _____

3 swimming _____

4 marathon _____

5 skating _____

6 in-line skating _____

C 다음 영어 문장을 읽고 빈칸에 알맞은 영어 단어를 써 넣으세요.

1 Are you good at doing _____s ?
너는 윗몸 일으키기를 잘하니?

2 I do _____s every day.
나는 매일 팔굽혀펴기를 한다.

3 How many _____s can you do?
턱걸이를 몇 개나 할 수 있니?

4 Why don't we go _____ today?
오늘 자전거 타러 가지 않을래?

5 I'm a complete novice at _____.
나는 스키에는 완전 초보자이다.

161

1089 clinic
[klínik 클리닉] 개인[전문] 병원

1090 general hospital
[ʤénərəl_háspitl 제너럴 하스피틀] 종합병원

1091 doctor
[dáktər 닥터] 의사

1092 nurse
[nəːrs 너-스] 간호사

1093 treatment
[tríːtmənt 트리-트먼트] 치료

1094 patient
[péiʃənt 페이션트] 환자

1095 hospital gown
[háspitl_gáun 하스피틀 가운] 환자복

1096 operation
[àpəréiʃən 아퍼레이션] 수술

1097 ward
[wɔ́ːrd 워-드] 병실

1098 emergency room
[imə́ːrʤənsi_ruːm 이머-전씨 루-움] 응급실

1099 injection
[inʤékʃən 인젝션] 주사

1100 blood type
[blʌd_taip 블러드 타입] 혈액형

1101 cast
[kǽst 캐스트] 깁스

1102 X-rays
[eks_reiz 엑스 레이즈] 엑스레이

1103 dentist
[déntist 덴티스트] 치과

1104 ambulance
[ǽmbjuləns 앰불런스] 구급차

A 다음 그림에 해당하는 영어 단어를 연결해 보세요.

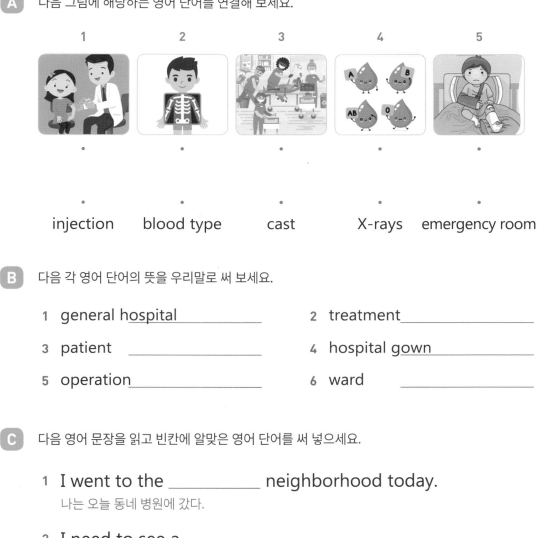

1 2 3 4 5

injection   blood type   cast   X-rays   emergency room

B 다음 각 영어 단어의 뜻을 우리말로 써 보세요.

1 general hospital_____ 2 treatment_____

3 patient _____ 4 hospital gown_____

5 operation_____ 6 ward _____

C 다음 영어 문장을 읽고 빈칸에 알맞은 영어 단어를 써 넣으세요.

1 I went to the _____ neighborhood today.
나는 오늘 동네 병원에 갔다.

2 I need to see a _____.
난 의사한테[병원에] 가 봐야 해.

3 The _____ stuck the needle into my arm.
간호사가 내 팔에 주사 바늘을 찔렀다.

4 Today is the day to go to the _____.
오늘은 치과에 가는 날이다.

5 Someone phone for an _____!
누구 전화해서 구급차 좀 불러요!

1105 **pain**
[pein 페인] 아픔, 통증

1106 **virus**
[váiərəs 바이러스] 바이러스

1107 **germ**
[ʤɜːrm 저-엄] 세균

1108 **headache**
[hédèik 헤드에익] 두통

1109 **earache**
[íərèik 이어에익] 귀앓이

1110 **toothache**
[túːθèik 투-쓰에익] 치통

1111 **stomachache**
[stʌ́məkèik 스터먹에익] 배탈

1112 **cold**
[kould 코울드] 감기

1113 **flu**
[fluː 플루-] 독감

1114 **fever**
[fíːvər 피-버] 열, 미열

1115 **cough**
[kɔːf 코-프] 기침

1116 **runny nose**
[rʌ́ni_nouz 러니 노우즈] 콧물

1117 **sick**
[sik 씩] 메스꺼운, 토할 것 같은

1118 **itchy**
[ítʃi 이취] 가려움

1119 **sneeze**
[sniːz 스니-즈] 재채기

1120 **scratch**
[skrætʃ 스크래취] 긁힌 상처

A 다음 그림에 해당하는 영어 단어를 연결해 보세요.

1	2	3	4	5

headache　　earache　　toothache　　stomachache　　runny nose

B 다음 각 영어 단어의 뜻을 우리말로 써 보세요.

1 flu _____　　2 fever _____

3 sick _____　　4 itchy _____

5 sneeze _____　　6 scratch _____

C 다음 영어 문장을 읽고 빈칸에 알맞은 영어 단어를 써 넣으세요.

1 The _____ was receding slightly.
통증이 약간 약해지고 있었다.

2 My computer got a _____.
내 컴퓨터가 바이러스에 걸렸어요.

3 This is one very nasty _____.
이것은 매우 위험한 세균이다.

4 You've given me your _____.
네가 나한테 감기를 옮겼어.

5 I have a _____ and a sore throat.
기침이 나고 목이 아파요.

1121	**pharmacy** [fάːrməsi 파-머씨] 약국	1129	**pill** [pil 필] 알약
1122	**drugstore** [drʌ́gstɔ̀ːr 드럭스토-] 약국(약 이외도 취급)	1130	**liquid medicine** [líkwid_médisn 리퀴드 메디쓴] 물약
1123	**pharmacist** [fάːrməsist 파-머씨스트] 약사	1131	**powder** [páudər 파우더] 가루약
1124	**prescription** [priskrípʃən 프리스크립션] 처방전	1132	**cold medicine** [kould_médisn 코울드 메디쓴] 감기약
1125	**drug** [drʌg 드러그] 약	1133	**digestive medicine** [daidʒéstiv_médisn 다이제스티브 메디쓴] 소화제
1126	**medicine** [médisn 메디쓴] (주로) 내복약	1134	**bandage** [bǽndidʒ 밴디쥐] 붕대
1127	**ointment** [ɔ́intmənt 오인트먼트] 연고	1135	**bandaid** [bǽndèid 밴드에이드] 반창고
1128	**vitamin** [váitəmin 바이터민] 비타민	1136	**gauze** [gɔːz 고-즈] 거즈

A 다음 그림에 해당하는 영어 단어를 연결해 보세요.

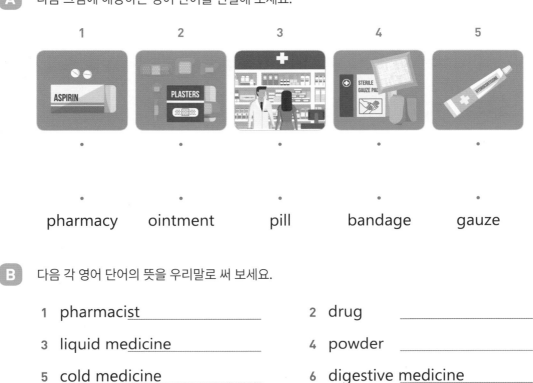

1   2   3   4   5

pharmacy   ointment   pill   bandage   gauze

B 다음 각 영어 단어의 뜻을 우리말로 써 보세요.

1 pharmacist _____

2 drug _____

3 liquid medicine _____

4 powder _____

5 cold medicine _____

6 digestive medicine _____

C 다음 영어 문장을 읽고 빈칸에 알맞은 영어 단어를 써 넣으세요.

1 Is there a _____ near here?
이 근처에 약국(잡화)이 있나요?

2 Take this _____ and go to the pharmacy.
이 처방전을 가지고 약국으로 가세요.

3 Take the _____ three times a day.
그 약을 하루에 세 번 복용하세요.

4 Lemons are rich in _____ C.
레몬은 비타민 C가 많다.

5 Do you need a _____?
반창고 필요하세요?

1137 **letter**
[létər 레터] 편지

1138 **stamp**
[stæmp 스탬프] 우표

1139 **postcard**
[póustkà:rd 포우스트카-드] 엽서

1140 **zip-code**
[zípkòud 집코우드] 우편번호

1141 **mailbox**
[méilbàks 메일박스] 우체통

1142 **address**
[ædrés 애드레스] 주소

1143 **return address**
[ritə́:rn_ædrés 리터-언 애드레스] 보내는 사람 주소

1144 **parcel**
[pá:rsl 파-쓸] 소포

1145 **money**
[mʌ́ni 머니] 돈

1146 **bank**
[bæŋk 뱅크] 은행

1147 **bankbook**
[bǽŋkbùk 뱅크북] 통장

1148 **cash**
[kæʃ 캐쉬] 현금

1149 **coin**
[kɔin 코인] 동전

1150 **cash card**
[kæʃ_ka:rd 캐쉬 카-드] 현금 카드

1151 **save money**
[seiv_mʌ́ni 쎄이브 머니] 저축하다

1152 **exchange money**
[ikstʃéindʒ_mʌ́ni 익스체인지 머니] 환전하다

A 다음 그림에 해당하는 영어 단어를 연결해 보세요.

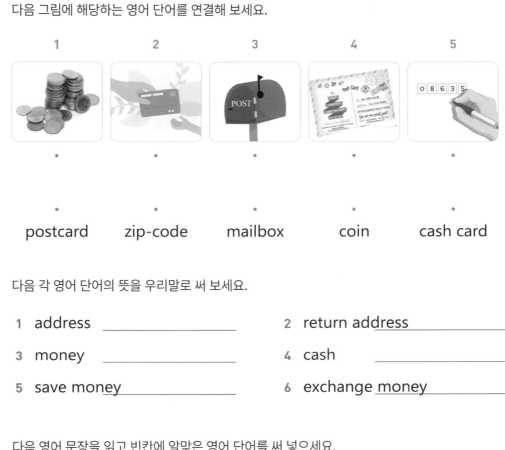

1　　　　2　　　　3　　　　4　　　　5

postcard　　zip-code　　mailbox　　coin　　cash card

B 다음 각 영어 단어의 뜻을 우리말로 써 보세요.

1 address _____　　2 return address _____

3 money _____　　4 cash _____

5 save money _____　　6 exchange money _____

C 다음 영어 문장을 읽고 빈칸에 알맞은 영어 단어를 써 넣으세요.

1 There's a _____ for you.
너한테 편지 한 통 왔어.

2 My dad's hobby is collecting _____s.
우리 아빠 취미는 우표 수집이야.

3 What does your _____ contain?
소포 안에 뭐가 들었니?

4 The _____ shuts at 4.
은행은 4시에 문을 닫는다.

5 Do you have that _____?
넌 저 은행 통장 있니?

1153 farmer
[fá:rmər 파-머] 농부

1154 fisherman
[fíʃərmən 피셔먼] 어부

1155 lawyer
[lɔ́:jər 로-여] 변호사

1156 driver
[dráivər 드라이버] 운전사

1157 stewardess
[stjú:ərdis 스튜-어디스] 스튜어디스

1158 announcer
[ənáunsər 어나운서] 아나운서

1159 comedian
[kəmí:diən 커미-디언] 코미디언

1160 entertainer
[èntərtéinər 엔터테이너] 연예인

1161 singer
[síŋər 씽어] 가수

1162 actor
[ǽktər 액터] 남자배우

1163 actress
[ǽktris 액트리스] 여자배우

1164 model
[mádl 마들] 모델

1165 pilot
[páilət 파일럿] 파일럿

1166 designer
[dizáinər 디자이너] 디자이너

1167 worker
[wə́:rkər 워-커] 노동자

1168 policeman
[pəlí:smən 펄리-스먼] 경찰관

A 다음 그림에 해당하는 영어 단어를 연결해 보세요.

1   2   3   4   5

announcer   comedian   singer   actress   model

B 다음 각 영어 단어의 뜻을 우리말로 써 보세요.

1 fisherman_____   2 driver _____

3 stewardess_____   4 pilot _____

5 designer _____   6 worker _____

C 다음 영어 문장을 읽고 빈칸에 알맞은 영어 단어를 써 넣으세요.

1 He planned to be a _____.
그는 농부가 되기로 했다.

2 I'd like to become a _____.
저는 변호사가 되고 싶어요.

3 He is a popular _____.
그는 인기 있는 연예인이다.

4 Who's your favorite _____?
좋아하는 남자배우는 누구니?

5 The _____ collared the thief.
경찰관이 그 도둑을 잡았다.

1169 fire fighter
[faiər_fáitər 파이어 파이터] 소방관

1170 athlete
[ǽθliːt 애쓸리-트] 운동선수

1171 chef
[ʃef 쉐프] 요리사

1172 waiter
[wéitər 웨이터] 웨이터

1173 waitress
[wéitris 웨이트리스] 웨이트리스

1174 translator
[trænsléitər 트랜스레이터] 번역가

1175 reporter
[ripɔ́ːrtər 리포-터] 기자

1176 writer
[ráitər 라이터] 작가

1177 musician
[mjuːzíʃən 뮤-지션] 음악가

1178 painter
[péintər 페인터] 화가

1179 sculptor
[skʌ́lptər 스컬프터] 조각가

1180 architect
[ɑ́ːrkitèkt 아-키텍트] 건축가

1181 carpenter
[kɑ́ːrpəntər 카-펀터] 목수

1182 engineer
[èndʒiníər 엔쥐니어] 엔지니어, 기사

1183 barber
[bɑ́ːrbər 바-버] 이발사

1184 hair designer
[hɛər_dizáinər 헤어 디자이너] 미용사

A 다음 그림에 해당하는 영어 단어를 연결해 보세요.

athlete   waiter   hair designer   painter   writer

B 다음 각 영어 단어의 뜻을 우리말로 써 보세요.

1 sculptor _____   2 waitress _____

3 translator_____   4 architect _____

5 carpenter_____   6 barber _____

C 다음 영어 문장을 읽고 빈칸에 알맞은 영어 단어를 써 넣으세요.

1 My dream is a _____ then.
내 꿈은 소방관이 되는 것입니다.

2 You sound like a fantastic _____!
너 굉장한 요리사 같아!

3 I am a school newspaper _____.
나는 학교 신문 기자야.

4 I want to be a _____.
난 음악가가 되고 싶어.

5 My dad is an _____ in this factory.
우리 아빠는 이 공장의 엔지니어이다.

PART 6

자연에서
볼 수 있는
단어

1185 **galaxy**
[gǽləksi 갤럭시] 은하계

1186 **planet**
[plǽnit 플래닛] 행성

1187 **sun**
[sʌn 썬] 태양

1188 **star**
[staːr 스타-] 별

1189 **moon**
[muːn 무-운] 달

1190 **comet**
[kámit 카밋] 혜성

1191 **satellite**
[sǽtlàit 쌔틀라이트] (인공)위성

1192 **space station**
[spéis_stéiʃən 스페이스 스테이션] 우주정거장

1193 **Mercury**
[máːrkjuri 머-큐리] 수성

1194 **Venus**
[víːnəs 비-너스] 금성

1195 **Earth**
[əːrθ 어-쓰] 지구

1196 **Mars**
[maːrz 마-즈] 화성

1197 **Jupiter**
[dʒúːpitər 쥬-피터] 목성

1198 **Saturn**
[sǽtərn 쌔턴] 토성

1199 **eclipse**
[iklíps 이클립스] 일식

1200 **alien**
[éiljən 에일리언] 외계인

A 다음 그림에 해당하는 영어 단어를 연결해 보세요.

1	2	3	4	5

comet   satellite   space station   eclipse   alien

B 다음 각 영어 단어의 뜻을 우리말로 써 보세요.

1 planet   _____   2 Mercury   _____

3 Venus   _____   4 Mars   _____

5 Jupiter   _____   6 Saturn   _____

C 다음 영어 문장을 읽고 빈칸에 알맞은 영어 단어를 써 넣으세요.

1 We are part of a spiral _____.
우리는 나선형 은하의 일부예요.

2 The _____ was just setting.
해가 막 지고 있었다.

3 What's your _____ sign?
별자리가 어떻게 되세요?

4 The _____ shines bright.
달이 밝게 빛나고 있다.

5 The _____ moves round the sun.
지구는 태양의 주위를 돈다.

1201 **continent**
[kántənənt 칸터넌트] 대륙

1202 **ocean**
[óuʃən 오우션] 대양

1203 **Asia**
[éiʒə 에이저] 아시아

1204 **America**
[əmérikə 어메리커] 아메리카

1205 **the Atlantic**
[ði_ætlǽntik 디 애틀랜틱] 대서양

1206 **the Pacific**
[ðə_pəsífik 더 퍼시픽] 태평양

1207 **latitude**
[lǽtətjùːd 래터튜-드] 위도

1208 **equator**
[ikwéitər 익퀘이터] 적도

1209 **sky**
[skai 스카이] 하늘

1210 **sunlight**
[sʌ́nlàit 썬라이트] 햇빛

1211 **land**
[lænd 랜드] 육지, 땅

1212 **island**
[áilənd 아일런드] 섬

1213 **desert**
[dézərt 데저트] 사막

1214 **volcano**
[vɑlkéinou 발케이노우] 화산

1215 **glacier**
[gléiʃər 글레이셔] 빙하

1216 **iceberg**
[áisbəːrg 아이스버-그] 빙산

A 다음 그림에 해당하는 영어 단어를 연결해 보세요.

1   2   3   4   5

sunlight   desert   volcano   island   iceberg

B 다음 각 영어 단어의 뜻을 우리말로 써 보세요.

1   Asia   _____

2   America   _____

3   the Atlantic _____

4   the Pacific _____

5   latitude   _____

6   equator   _____

C 다음 영어 문장을 읽고 빈칸에 알맞은 영어 단어를 써 넣으세요.

1   Africa is a very hot _____.
아프리카는 매우 뜨거운 대륙이다.

2   I'd prefer an _____ view.
바다가 보이는 전망이 더 좋아요.

3   What's that in the _____?
하늘에 있는 저게 뭐지?

4   We live on _____.
우리는 땅 위에서 살아요.

5   A _____ is a mass of ice.
빙하는 얼음 덩어리이다.

1217 nature
[néitʃər 네이처] 자연

1218 mountain
[máuntn 마운튼] 산

1219 valley
[væli 밸리] 골짜기, 계곡

1220 hill
[hil 힐] 언덕

1221 sea
[si: 씨-] 바다

1222 river
[rívər 리버] 강

1223 pond
[pand 판드] 연못

1224 lake
[leik 레이크] 호수

1225 beach
[bi:tʃ 비-취] 해변

1226 waterfall
[wɔ́:tərfɔ̀:l 워-터포-올] 폭포

1227 stone
[stoun 스토운] 돌

1228 soil
[sɔil 쏘일] 흙, 땅

1229 rock
[rɑk 락] 바위

1230 jungle
[dʒʌ́ŋgl 정글] 밀림, 정글

1231 swamp
[swamp 스왐프] 늪

1232 forest
[fɔ́:rist 포-리스트] 숲

A 다음 그림에 해당하는 영어 단어를 연결해 보세요.

1   2   3   4   5

valley   beach   waterfall   stone   lake

B 다음 각 영어 단어의 뜻을 우리말로 써 보세요.

1 hill _____ 2 pond _____

3 soil _____ 4 rock _____

5 swamp _____ 6 forest _____

C 다음 영어 문장을 읽고 빈칸에 알맞은 영어 단어를 써 넣으세요.

1 We should protect _____.
우리는 자연을 보호해야 한다.

2 The _____ is very high.
그 산은 정말 높다.

3 We had a picnic beside the _____.
우리는 강가에서 피크닉을 했다.

4 The boats are all out at _____.
그 배들은 모두 바다에 나가 있다.

5 The lion is the king of the _____.
사자는 밀림의 왕이다.

181

1233 rain
[rein 레인] 비

1234 snow
[snou 스노우] 눈

1235 wind
[wind 윈드] 바람

1236 cloud
[klaud 클라우드] 구름

1237 fog
[fɔːg 포-그] 안개

1238 shower
[ʃáuər 샤워] 소나기

1239 typhoon
[taifúːn 타이푸-운] 태풍

1240 thunder
[θʌ́ndər 썬더] 천둥

1241 lightning
[láitniŋ 라이트닝] 번개

1242 snowstorm
[snóustɔ́ːrm 스노우스토-옴] 눈보라

1243 climate
[kláimit 클라이밋] 기후

1244 weather forecast
[wéðər_fɔ́ːrkæst 웨더 포-캐스트] 일기예보

1245 temperature
[témpərətʃər 템퍼러처] 온도

1246 Celsius
[sélsiəs 셀시어스] 섭씨의

1247 below zero
[bilóu_zíərou 빌로우 지어로우] 영하의

1248 above zero
[əbʌ́v_zíərou 어버브 지어로우] 영상의

A 다음 그림에 해당하는 영어 단어를 연결해 보세요.

1	2	3	4	5

fog　　　　shower　　　typhoon　　　wind　　　lightning

B 다음 각 영어 단어의 뜻을 우리말로 써 보세요.

1 snowstorm_____　　2 climate _____

3 temperature_____　　4 Celsius _____

5 below zero_____　　6 above zero_____

C 다음 영어 문장을 읽고 빈칸에 알맞은 영어 단어를 써 넣으세요.

1 The _____ kept up all afternoon.
비가 오후 내내 계속 내렸다.

2 _____ was falling heavily.
눈이 아주 많이 내리고 있었다.

3 _____ grumbled in the distance.
멀리서 천둥이 우르릉거렸다.

4 The sun went behind a _____.
해가 구름 뒤로 들어갔다.

5 What's the _____?
일기예보에서 뭐라고 해?

1249 **mist**
[mist 미스트] 엷은 안개

1250 **rainbow**
[réinbòu 레인보우] 무지개

1251 **blow**
[blou 블로우] (바람이) 불다

1252 **freeze**
[fri:z 프리-즈] 얼다

1253 **warm**
[wɔːrm 워-엄] 따뜻한

1254 **dry**
[drai 드라이] 마른, 건조한

1255 **wet**
[wet 웻] 젖은

1256 **humid**
[hjúːmid 휴-미드] 습기 있는

1257 **sunny**
[sʌ́ni 써니] 맑은

1258 **heavy**
[hévi 헤비] (비·바람이) 심한

1259 **hot**
[hɑt 핫] 더운

1260 **windy**
[wíndi 윈디] 바람 부는

1261 **cloudy**
[kláudi 클라우디] 흐린

1262 **rainy**
[réini 레이니] 비가 오는

1263 **clear**
[kliər 클리어] 맑게 갠

1264 **foggy**
[fɔ́ːgi 포-기] 안개 낀

A 다음 그림에 해당하는 영어 단어를 연결해 보세요.

1	2	3	4	5

hot   cloudy   rainy   clear   freeze

B 다음 각 영어 단어의 뜻을 우리말로 써 보세요.

1 mist   _____   2 dry   _____

3 wet   _____   4 humid   _____

5 blow   _____   6 heavy   _____

C 다음 영어 문장을 읽고 빈칸에 알맞은 영어 단어를 써 넣으세요.

1 There is a _____ in the sky.
하늘에 무지개가 떠 있다

2 It was nice and _____ yesterday.
어제는 날씨가 아주 포근했다.

3 It's _____ outside today.
오늘은 밖이 화창해.

4 It's very _____ today.
오늘은 바람이 세게 분다.

5 It was _____ at the river front.
강가에는 안개가 끼어 있었다.

185

1265 **zoo**
[zu: 주] 동물원

1266 **animal**
[ǽniməl 애니멀] 동물

1267 **life**
[laif 라이프] 생명

1268 **pet**
[pet 펫] 애완동물

1269 **tiger**
[táigər 타이거] 호랑이

1270 **lion**
[láiən 라이언] 사자

1271 **giraffe**
[dʒərǽf 저래프] 기린

1272 **zebra**
[zíːbrə 지-브러] 얼룩말

1273 **elephant**
[éləfənt 엘러펀트] 코끼리

1274 **monkey**
[mʌ́ŋki 멍키] 원숭이

1275 **gorilla**
[gərílə 거릴러] 고릴라

1276 **bear**
[bɛər 베어] 곰

1277 **panda**
[pǽndə 팬더] 판다

1278 **hippo**
[hípou 힙포우] 하마

1279 **rhino**
[ráinou 라이노우] 코뿔소

1280 **leopard**
[lépərd 레퍼드] 표범

A 다음 그림에 해당하는 영어 단어를 연결해 보세요.

| 1 | 2 | 3 | 4 | 5 |

giraffe   elephant   bear   panda   hippo

B 다음 각 영어 단어의 뜻을 우리말로 써 보세요.

1 life   _____   2 zoo   _____

3 pet   _____   4 zebra   _____

5 rhino   _____   6 leopard   _____

C 다음 영어 문장을 읽고 빈칸에 알맞은 영어 단어를 써 넣으세요.

1 What's your favorite _____?
가장 좋아하는 동물은 무엇이니?

2 The _____ is native to India.
호랑이는 인도가 원산지이다.

3 We heard a _____ roar.
우리는 사자가 으르렁거리는 소리를 들었다.

4 The _____ made like the boy.
원숭이는 소년을 흉내 냈다.

5 We saw a _____ at the zoo.
우리는 동물원에서 고릴라를 봤어요.

1281 **camel**
[kǽməl 캐멀] 낙타

1282 **fox**
[fáks 팍스] 여우

1283 **wolf**
[wulf 울프] 늑대

1284 **raccoon**
[rækú:n 래쿠-운] 너구리

1285 **chimpanzee**
[tʃìmpænzí: 침팬지-] 침팬지

1286 **kangaroo**
[kæ̀ŋgərú: 캥거루-] 캥거루

1287 **koala**
[kouá:lə 코우아-알러] 코알라

1288 **deer**
[diər 디어] 사슴

1289 **hamster**
[hǽmstər 햄스터] 햄스터

1290 **mouse**
[maus 마우스] 쥐

1291 **squirrel**
[skwə́:rəl 스쿼-럴] 다람쥐

1292 **alligator**
[ǽligèitər 앨리게이터] 악어

1293 **dinosaur**
[dáinəsɔ́:r 다이너쏘-] 공룡

1294 **iguana**
[igwá:nə 이그와-너] 이구아나

1295 **frog**
[frɔ:g 프로-그] 개구리

1296 **snake**
[sneik 스네익] 뱀

A 다음 그림에 해당하는 영어 단어를 연결해 보세요.

1   2   3   4   5

squirrel   alligator   dinosaur   koala   frog

B 다음 각 영어 단어의 뜻을 우리말로 써 보세요.

1 fox   _____

2 wolf   _____

3 raccoon   _____

4 hamster   _____

5 iguana   _____

6 snake   _____

C 다음 영어 문장을 읽고 빈칸에 알맞은 영어 단어를 써 넣으세요.

1 People ride _____s across the desert.
사람들이 낙타를 타고 사막을 건넌다.

2 The _____ can use tools.
침팬지는 도구를 사용할 수 있습니다.

3 The _____ is a native of Australia.
캥거루는 호주가 원산지이다.

4 Hunters kill _____ in the fall.
사냥꾼들이 가을에 사슴을 사냥한다.

5 He has a pet _____.
그는 애완용 쥐를 갖고 있다.

1297
dog
[dɔːg 도-그] 개

1298
puppy
[pʌ́pi 퍼피] 강아지

1299
cat
[kæt 캣] 고양이

1300
kitten
[kítn 키튼] 새끼 고양이

1301
rabbit
[ræbit 래빗] 토끼

1302
pig
[pig 피그] 돼지

1303
horse
[hɔːrs 호-스] 말

1304
cow
[kau 카우] 암소, 젖소

1305
sheep
[ʃiːp 쉬-입] 양

1306
goat
[gout 고우트] 염소

1307
duck
[dʌk 덕] 오리

1308
goose
[guːs 구-스] 거위

1309
hen
[hen 헨] 암탉

1310
cock
[kɑk 칵] 수탉

1311
chicken
[tʃíkin 취킨] 닭

1312
ostrich
[ɔ́stritʃ 오스트리취] 타조

長

A 다음 그림에 해당하는 영어 단어를 연결해 보세요.

1	2	3	4	5

puppy   cat   rabbit   goose   ostrich

B 다음 각 영어 단어의 뜻을 우리말로 써 보세요.

1 cow _____ 2 kitten _____

3 goat _____ 4 hen _____

5 cock _____ 6 chicken _____

C 다음 영어 문장을 읽고 빈칸에 알맞은 영어 단어를 써 넣으세요.

1 I took the _____ for a walk.
나는 개를 산책시키러 갔다.

2 The _____ fell at the last jump.
그 말은 마지막 장애물에 걸려 넘어졌다.

3 He eats a lot like a _____.
그는 돼지처럼 많이 먹는다.

4 _____ were grazing in the fields.
양들이 들판에서 풀을 뜯고 있었다.

5 We are drawing the _____.
우리는 오리를 그리고 있어요.

191

1313 **bird**
[bəːrd 버-드] 새

1314 **nest**
[nest 네스트] 둥지

1315 **tail**
[teil 테일] 꼬리

1316 **wing**
[wiŋ 윙] 날개

1317 **sparrow**
[spǽrou 스패로우] 참새

1318 **swallow**
[swálou 스왈로우] 제비

1319 **bat**
[bæt 배트] 박쥐

1320 **crow**
[krou 크로우] 까마귀

1321 **magpie**
[mǽgpài 매그파이] 까치

1322 **eagle**
[íːgl 이-글] 독수리

1323 **owl**
[aul 아울] 올빼미

1324 **parrot**
[pǽrət 패럿] 앵무새

1325 **swan**
[swɑn 스완] 백조

1326 **sea gull**
[siː_gʌl 씨- 걸] 갈매기

1327 **peacock**
[píːkàk 피-칵] 공작

1328 **pigeon**
[pídʒən 피전] 비둘기

A 다음 그림에 해당하는 영어 단어를 연결해 보세요.

1	2	3	4	5

owl   swan   sea gull   peacock   bat

B 다음 각 영어 단어의 뜻을 우리말로 써 보세요.

1 tail _____   2 wing _____

3 sparrow _____   4 crow _____

5 swallow _____   6 magpie _____

C 다음 영어 문장을 읽고 빈칸에 알맞은 영어 단어를 써 넣으세요.

1 The _____ folded its wings.
그 새가 날개를 접었다.

2 A bird is building a _____.
새가 둥지를 틀고 있다.

3 There's an _____ flying in the sky.
독수리가 하늘을 날고 있다.

4 There is a _____ in the bird cage.
새장 속에 앵무새가 있다.

5 There are many _____s in the park.
공원에 비둘기가 많이 있다.

1329 insect
[ínsekt 인쎅트] 곤충

1337 ant
[ænt 앤트] 개미

1330 worm
[wəːrm 워-엄] 벌레

1338 spider
[spáidər 스파이더] 거미

1331 moth
[mɔːθ 모-쓰] 나방

1339 grasshopper
[grǽshápər 그래스하퍼] 메뚜기

1332 bee
[biː 비-] 벌

1340 flea
[fliː 플리-] 벼룩

1333 butterfly
[bʌ́tərflài 버터플라이] 나비

1341 scorpion
[skɔ́ːrpiən 스코-피언] 전갈

1334 dragonfly
[drǽgənflài 드래건플라이] 잠자리

1342 beetle
[bíːtl 비-틀] 딱정벌레

1335 firefly
[fáiərflài 파이어플라이] 반딧불이

1343 ladybug
[léidibʌ̀g 레이디버그] 무당벌레

1336 cricket
[kríkit 크릭킷] 귀뚜라미

1344 cockroach
[kákròutʃ 칵크로우취] 바퀴벌레

A 다음 그림에 해당하는 영어 단어를 연결해 보세요.

1	2	3	4	5
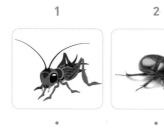				

dragonfly   firefly   cricket   grasshopper   beetle

B 다음 각 영어 단어의 뜻을 우리말로 써 보세요.

1 insect _____   2 scorpion _____

3 moth _____   4 flea _____

5 ladybug _____   6 cockroach_____

C 다음 영어 문장을 읽고 빈칸에 알맞은 영어 단어를 써 넣으세요.

1 The early bird catches the _____.
일찍 일어나는 새가 벌레를 잡는다.

2 A _____ is on the flower.
벌 한 마리가 꽃 위에 있다.

3 Is that a _____ or a moth?
그것은 나비인가요, 아니면 나방인가요?

4 The boy is looking at an _____.
소년이 개미를 보고 있다.

5 The _____ is making a web.
거미가 거미줄을 치고 있다.

1345 **dolphin** [dάlfin 달핀] 돌고래	1353 **lobster** [lάbstər 랍스터] 바닷가재
1346 **turtle** [tə́ːrtl 터-틀] 바다거북	1354 **shrimp** [ʃrimp 쉬림프] 새우
1347 **penguin** [péŋgwin 펭귄] 펭귄	1355 **shell** [ʃel 쉘] 조개
1348 **seal** [siːl 씨-일] 물개	1356 **sea urchin** [siː_ə́ːrtʃin 씨- 어-친] 성게
1349 **walrus** [wɔ́ːlrəs 워-얼러스] 바다코끼리	1357 **oyster** [ɔ́istər 오이스터] 굴
1350 **whale** [hweil 웨일] 고래	1358 **mussel** [mʌ́sl 머슬] 홍합
1351 **shark** [ʃɑːrk 샤-크] 상어	1359 **abalone** [æbəlóuni 애벌로우니] 전복
1352 **crab** [kræb 크랩] 게	1360 **algae** [ǽldʒiː 앨지-] 해초

A 다음 그림에 해당하는 영어 단어를 연결해 보세요.

1   2   3   4   5

turtle   penguin   seal   lobster   shell

B 다음 각 영어 단어의 뜻을 우리말로 써 보세요.

1 walrus   _____   2 sea urchin_____

3 oyster   _____   4 mussel   _____

5 abalone   _____   6 algae   _____

C 다음 영어 문장을 읽고 빈칸에 알맞은 영어 단어를 써 넣으세요.

1 A _____ isn't afraid of men.
돌고래는 사람을 무서워하지 않는다.

2 A _____ is a fish. True or false?
고래는 물고기이야. 맞아 틀려?

3 Have you ever seen a _____?
넌 상어를 본 적이 있니?

4 This _____ is full of meat.
이 게는 속이 꽉 찼다.

5 I always like the _____.
저는 늘 새우 요리를 즐겨 먹어요.

1361 fish
[fiʃ 피쉬] 물고기

1362 mackerel
[mǽkərəl 매커럴] 고등어

1363 saury
[sɔ́:ri 쏘-리] 꽁치

1364 tuna
[tjú:nə 튜-너] 참치

1365 sardine
[sɑːrdíːn 싸-디-인] 정어리

1366 pollack
[pɑ́lək 팔럭] 대구, 명태

1367 puffer
[pʌ́fər 퍼퍼] 복어

1368 flatfish
[flǽtfiʃ 플랫피쉬] 넙치

1369 sole
[soul 쏘울] 가자미

1370 squid
[skwid 스퀴드] 오징어

1371 octopus
[ɑ́ktəpəs 악터퍼스] 문어

1372 eel
[iːl 이-일] 장어

1373 loach
[loutʃ 로우취] 미꾸라지

1374 carp
[kɑːrp 카-프] 붕어, 잉어

1375 trout
[traut 트라우트] 송어

1376 salmon
[sǽmən 쌔먼] 연어

A 다음 그림에 해당하는 영어 단어를 연결해 보세요.

| 1 | 2 | 3 | 4 | 5 |

octopus   puffer   flatfish   squid   loach

B 다음 각 영어 단어의 뜻을 우리말로 써 보세요.

1 sole   _____   2 eel   _____

3 carp   _____   4 trout   _____

5 saury   _____   6 sardine   _____

C 다음 영어 문장을 읽고 빈칸에 알맞은 영어 단어를 써 넣으세요.

1 There are a lot of _____ in the lake.
그 호수에는 물고기가 아주 많다.

2 I like _____ dishes.
나는 고등어 요리를 좋아합니다.

3 He ate a can of _____ for lunch.
그는 점심으로 참치 통조림을 먹었다.

4 That fisherman catches _____.
저 어부는 대구를 잡는다.

5 A _____ ascends against a river.
연어는 강을 거슬러 올라간다.

1377 **plant**
[plænt 플랜트] 식물

1378 **tree**
[tri: 트리-] 나무

1379 **grass**
[græs 그래스] 풀

1380 **leaf**
[li:f 리-프] 잎

1381 **root**
[ru:t 루-트] 뿌리

1382 **stem**
[stem 스템] 줄기

1383 **branch**
[bræntʃ 브랜취] 가지

1384 **seed**
[si:d 씨-드] 씨앗

1385 **seeding**
[síːdiŋ 씨-딩] 묘목

1386 **skin**
[skin 스킨] 껍질

1387 **flower**
[fláuər 플라워] 꽃

1388 **petal**
[pétl 페틀] 꽃잎

1389 **bud**
[bʌd 버드] 싹, 꽃봉오리

1390 **pollen**
[pálən 팔런] 꽃가루

1391 **flowerpot**
[fláuərpɑ:t 플라워파-트] 화분

1392 **flower bed**
[fláuər_bed 플라워 베드] 꽃밭

A 다음 그림에 해당하는 영어 단어를 연결해 보세요.

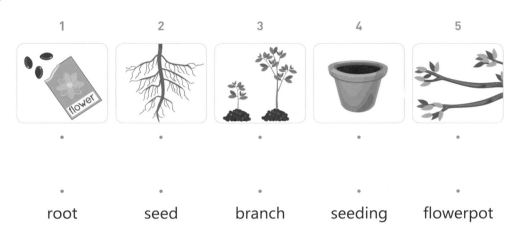

| 1 | 2 | 3 | 4 | 5 |

root   seed   branch   seeding   flowerpot

B 다음 각 영어 단어의 뜻을 우리말로 써 보세요.

1 plant _____   2 skin _____

3 petal _____   4 bud _____

5 pollen _____   6 stem _____

C 다음 영어 문장을 읽고 빈칸에 알맞은 영어 단어를 써 넣으세요.

1 The _____ is in bud already.
나무에 벌써 싹이 났다.

2 Do you know the name of this _____?
이 꽃 이름 아니?

3 They ran over the _____.
그들은 풀 위를 가로질러 달려갔다.

4 The trees are coming into _____.
나무들에 잎이 나고 있다.

5 My mom is planting flowers on the _____.
엄마는 꽃밭에 꽃을 심고 계신다.

1393 **rose**
[róuz 로우즈] 장미

1394 **morning glory**
[mɔ́:rniŋ glɔ́:ri 모-닝 글로-리] 나팔꽃

1395 **cherry blossom**
[tʃéri blásəm 체리 블라썸] 벚꽃

1396 **lily**
[líli 릴리] 백합

1397 **sunflower**
[sʌ́nflàuər 썬플라워] 해바라기

1398 **tulip**
[tjú:lip 튜-울립] 튤립

1399 **carnation**
[kɑ:rnéiʃən 카-네이션] 카네이션

1400 **azalea**
[əzéiljə 어제일리어] 진달래

1401 **golden bell**
[góuldən_bel 고울든 벨] 개나리

1402 **chrysanthemum**
[krisǽnθəməm 크리샌써멈] 국화

1403 **cosmos**
[kázməs 카즈머스] 코스모스

1404 **orchid**
[ɔ́:rkid 오-키드] 난초

1405 **daffodil**
[dǽfədìl 대퍼딜] 수선화

1406 **dandelion**
[dǽndəlàiən 댄더라이언] 민들레

1407 **violet**
[váiəlit 바이얼릿] 제비꽃

1408 **camellia**
[kəmí:liə 커미-일리어] 동백

A 다음 그림에 해당하는 영어 단어를 연결해 보세요.

1	2	3	4	5

·   ·   ·   ·   ·

·   ·   ·   ·   ·

morning glory cherry blossom carnation   azalea   cosmos

B 다음 각 영어 단어의 뜻을 우리말로 써 보세요.

1 golden-bell _____
2 chrysanthemum _____
3 orchid _____
4 daffodil _____
5 dandelion _____
6 camellia _____

C 다음 영어 문장을 읽고 빈칸에 알맞은 영어 단어를 써 넣으세요.

1 This flower has a look of _____.
이 꽃은 장미와 비슷하다.

2 I like a _____ better than a cosmos.
나는 코스모스보다 백합을 더 좋아해.

3 It may be a _____ seed.
그건 해바라기 씨일 거야.

4 That is a flower called the _____.
저것이 튤립이라고 하는 꽃이다.

5 It smells like _____s.
그것은 제비꽃 같은 향기가 난다.

1409 **fallen leaves**
[fɔ́:lən_li:vz 포-올런 리-브즈] 낙엽

1410 **pine tree**
[pain_tri: 파인 트리-] 소나무

1411 **nut pine**
[nʌt_pain 넛 파인] 잣나무

1412 **fir**
[fə:r 퍼-] 전나무

1413 **cherry tree**
[tʃéri_tri: 체리 트리-] 벚나무

1414 **palm tree**
[pɑːm_tri: 파-암 트리-] 야자나무

1415 **oak tree**
[ouk_tri: 오욱 트리-] 참나무

1416 **maple tree**
[méipl_tri: 메이플 트리-] 단풍나무

1417 **ginkgo tree**
[gíŋkou_tri: 깅코우 트리-] 은행나무

1418 **bamboo**
[bæmbú: 뱀부-] 대나무

1419 **poplar**
[pɑ́plər 파플러] 포플러

1420 **platanus**
[plǽtənəs 플래터너스] 플라타너스

1421 **acacia**
[əkéiʃə 어케이셔] 아카시아

1422 **ivy**
[áivi 아이비] 담쟁이덩굴

1423 **cactus**
[kǽktəs 캑터스] 선인장

1424 **bush**
[buʃ 부쉬] 덤불

A 다음 그림에 해당하는 영어 단어를 연결해 보세요.

1	2	3	4	5

pine tree   bamboo   ivy   cactus   acacia

B 다음 각 영어 단어의 뜻을 우리말로 써 보세요.

1 fir _____

2 oak tree _____

3 ginkgo tree _____

4 poplar _____

5 platanus _____

6 bush _____

C 다음 영어 문장을 읽고 빈칸에 알맞은 영어 단어를 써 넣으세요.

1 Will you rake up the _____?
낙엽을 쓸어 담아 주겠니?

2 This _____ is very tall.
이 잣나무는 무척 높다.

3 The _____ has opened its flowers.
그 벚나무에 꽃이 피었다.

4 The man is climbing a tall _____.
남자가 높은 야자나무를 오르고 있다.

5 The _____ makes shade.
그 단풍나무에 그늘이 지다.

1425 sound
[saund 싸운드] 소리

1426 power
[páuər 파워] 힘

1427 fire
[faiər 파이어] 불

1428 light
[lait 라이트] 빛

1429 heat
[hi:t 히-트] 열

1430 solid
[sálid 쌀리드] 고체

1431 gas
[gæs 개스] 기체

1432 liquid
[líkwid 리퀴드] 액체

1433 size
[saiz 싸이즈] 크기

1434 height
[hait 하이트] 높이

1435 length
[leŋkθ 렝쓰] 길이

1436 width
[widθ 위드쓰] 넓이, 폭

1437 thickness
[θíknis 씩크니스] 굵기

1438 weight
[weit 웨이트] 무게

1439 strength
[stréŋkθ 스트렝쓰] 세기, 힘

1440 speed
[spi:d 스피-드] 속도

A 다음 그림에 해당하는 영어 단어를 연결해 보세요.

1 2 3 4 5

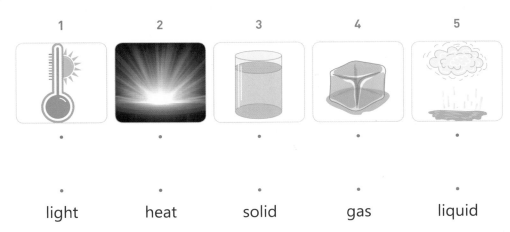

light heat solid gas liquid

B 다음 각 영어 단어의 뜻을 우리말로 써 보세요.

1 height _____ 2 length _____

3 width _____ 4 thickness _____

5 weight _____ 6 strength _____

C 다음 영어 문장을 읽고 빈칸에 알맞은 영어 단어를 써 넣으세요.

1 Could you turn the _____ up?
소리 좀 키워 주시겠어요?

2 We believe in the _____ of prayer.
우리는 기도의 힘을 믿는다.

3 Who set off the _____ alarm?
누가 화재경보기를 울린 거지?

4 This jacket is just my _____.
이 재킷은 내게 딱 맞는 치수이다.

5 The train was losing _____.
기차가 속도를 줄이고 있었다.

1441
atom
[ǽtəm 애텀] 원자

1442
hydrogen
[háidrədʒən 하이드러전] 수소

1443
carbon
[káːrbən 카-번] 탄소

1444
oxygen
[áksidʒən 악시전] 산소

1445
smoke
[smouk 스모욱] 연기

1446
steam
[stiːm 스티-임] 증기

1447
oil
[ɔil 오일] 석유

1448
coal
[koul 코울] 석탄

1449
gold
[gould 고울드] 금

1450
silver
[sílvər 씰버] 은

1451
bronze
[branz 브란즈] 동(청동)

1452
iron
[áiərn 아이언] 철

1453
steel
[stíːl 스티-일] 강철

1454
metal
[métl 메틀] 금속

1455
lead
[led 레드] 납

1456
aluminium
[ǽljumíniəm 앨루미니엄] 알루미늄

A 다음 그림에 해당하는 영어 단어를 연결해 보세요.

1   2   3   4   5

oil   coal   iron   silver   bronze

B 다음 각 영어 단어의 뜻을 우리말로 써 보세요.

1 hydrogen_____ 2 carbon _____

3 smoke _____ 4 steam _____

5 lead _____ 6 aluminium_____

C 다음 영어 문장을 읽고 빈칸에 알맞은 영어 단어를 써 넣으세요.

1 They are the same type of _____.
그것들은 같은 종류의 원자이다.

2 Fish take in _____ through their gills.
물고기는 아가미를 통해 산소를 섭취한다.

3 Korea won five _____ medals.
한국은 5개의 금메달을 땄다.

4 The frame is made of _____.
그 뼈대는 강철로 만들어졌다.

5 Rust had eaten into the _____.
그 금속에는 녹이 슬어 있었다.

PART 7

품사별로
익히는
기본 단어

1457 **tall**
[tɔːl 토-올] 키 큰

1458 **short**
[ʃɔːrt 쇼-트] 키 작은

1459 **long**
[lɔːŋ 로-옹] 긴

1460 **short**
[ʃɔːrt 쇼-트] 짧은

1461 **thin**
[θin 씬] 마른

1462 **fat**
[fæt 팻] 뚱뚱한

1463 **thick**
[θik 씩] 두꺼운

1464 **thin**
[θin 씬] 얇은

1465 **high**
[hai 하이] 높은

1466 **low**
[lou 로우] 낮은

1467 **heavy**
[hévi 헤비] 무거운

1468 **light**
[lait 라이트] 가벼운

1469 **strong**
[strɔːŋ 스트로-옹] 튼튼한

1470 **weak**
[wiːk 위-크] 약한

1471 **large**
[lɑːrdʒ 라-쥐] 큰

1472 **small**
[smɔːl 스모-올] 작은

A 다음 그림에 해당하는 영어 단어를 연결해 보세요.

1	2	3	4	5

tall   long   fat   thick   small

B 다음 각 영어 단어의 뜻을 우리말로 써 보세요.

1 high _____ 2 low _____

3 heavy _____ 4 light _____

5 strong _____ 6 weak _____

C 다음 영어 문장을 읽고 빈칸에 알맞은 영어 단어를 써 넣으세요.

1 She was _____ and dumpy.
그녀는 키가 작고 땅딸막했다.

2 This skirt is way too _____.
이 스커트는 너무 짧다.

3 She's tall and _____.
그녀는 키가 크고 말랐다.

4 Cut the meat into _____ slices.
고기를 얇은 조각으로 썰어라.

5 She was holding a _____ box.
그녀는 큰 상자를 하나 들고 있었다.

1473 **fast**
[fæst 패스트] 빠른

1474 **slow**
[slou 슬로우] 느린

1475 **loose**
[luːs 루-스] 헐렁한

1476 **tight**
[tait 타이트] 꼭 끼는

1477 **wide**
[waid 와이드] 넓은

1478 **narrow**
[nǽrou 내로우] 좁은

1479 **dark**
[dɑːrk 다-크] 어두운

1480 **light**
[lait 라이트] 밝은

1481 **good**
[gud 굳] 좋은

1482 **bad**
[bæd 배드] 나쁜

1483 **new**
[njuː 뉴-] 새것의

1484 **old**
[ould 오울드] 오래된

1485 **soft**
[sɔːft 쏘-프트] 연한, 부드러운

1486 **hard**
[hɑːrd 하-드] 딱딱한

1487 **hot**
[hɑt 핫] 뜨거운, 더운

1488 **cold**
[kould 코울드] 차가운, 추운

A 다음 그림에 해당하는 영어 단어를 연결해 보세요.

1   2   3   4   5

fast   slow   tight   wide   narrow

B 다음 각 영어 단어의 뜻을 우리말로 써 보세요.

1 dark _____   2 light _____

3 good _____   4 bad _____

5 soft _____   6 hard _____

C 다음 영어 문장을 읽고 빈칸에 알맞은 영어 단어를 써 넣으세요.

1 This knit sweater is too _____.
이 니트 스웨터는 너무 헐렁하다.

2 My _____ bike's nice, hey?
내 새 자전거 좋지, 응?

3 He and I are _____ friends.
그와 나는 오랜 친구이다.

4 It's very _____ here in summer.
여기는 여름에 아주 덥다.

5 It isn't all that _____.
날이 그렇게 춥지는 않다.

1489 **full**
[ful 풀] 가득 찬

1490 **empty**
[émpti 엠티] 빈

1491 **clean**
[kli:n 클리-인] 깨끗한

1492 **dirty**
[də́ːrti 더-티] 더러운

1493 **rich**
[ritʃ 리취] 부유한

1494 **poor**
[puər 푸어] 가난한

1495 **easy**
[íːzi 이-지] 쉬운

1496 **difficult**
[dífikʌlt 디피컬트] 어려운

1497 **young**
[jʌŋ 영] 젊은

1498 **old**
[ould 오울드] 나이든

1499 **beautiful**
[bjúːtɪfl 뷰-티플] 아름다운

1500 **pretty**
[príti 프리티] 예쁜

1501 **handsome**
[hǽnsəm 핸썸] 잘생긴 <남자>

1502 **ugly**
[ʌ́gli 어글리] 추한

1503 **noisy**
[nɔ́izi 노이지] 시끄러운

1504 **quiet**
[kwáiət 콰이엇] 조용한

A 다음 그림에 해당하는 영어 단어를 연결해 보세요.

| 1 | 2 | 3 | 4 | 5 |

empty   clean   dirty   rich   easy

B 다음 각 영어 단어의 뜻을 우리말로 써 보세요.

1 young _____   2 old _____

3 beautiful _____   4 pretty _____

5 handsome _____   6 noisy _____

C 다음 영어 문장을 읽고 빈칸에 알맞은 영어 단어를 써 넣으세요.

1 My suitcase was _____ of books.
내 가방에는 책이 가득 들어 있었다.

2 Question 3 was very _____.
3번 문제는 아주 어려웠다.

3 A _____ man has little money.
가난한 사람은 돈이 거의 없다.

4 He is _____ but very kind.
그는 못 생겼지만 아주 친절해요.

5 'Be _____,' said the teacher.
"조용히 해." 선생님이 말했다.

1505
dry
[drai 드라이] 마른

1506
wet
[wet 웻] 젖은

1507
left
[left 레프트] 왼쪽의

1508
right
[rait 라이트] 오른쪽의

1509
right
[rait 라이트] 올바른, 맞는

1510
wrong
[rɔːŋ 로-옹] 틀린, 잘못된

1511
happy
[hǽpi 해피] 행복한

1512
sad
[sæd 쌔드] 슬픈

1513
little
[lítl 리틀] 적은

1514
many
[méni 메니] 많은

1515
awake
[əwéik 어웨이크] 깨어있는

1516
asleep
[əslíːp 어슬리-입] 잠자는

1517
open
[óupn 오우픈] 열린

1518
closed
[klóuzd 클로우즈드] 닫힌

1519
expensive
[ikspénsiv 익스펜씨브] 값비싼

1520
cheap
[tʃiːp 취-프] 값싼

A 다음 그림에 해당하는 영어 단어를 연결해 보세요.

| 1 | 2 | 3 | 4 | 5 |

dry   happy   sad   little   many

B 다음 각 영어 단어의 뜻을 우리말로 써 보세요.

1 awake   _____   2 asleep   _____

3 open   _____   4 closed   _____

5 expensive_____   6 cheap   _____

C 다음 영어 문장을 읽고 빈칸에 알맞은 영어 단어를 써 넣으세요.

1 My shirt was _____ through.
내 셔츠는 완전히 젖어 있었다.

2 I broke my _____ leg.
나는 왼쪽 다리가 부러졌다.

3 Keep on the _____ side of the road.
도로 오른쪽으로 계속 붙어 가시오.

4 You may well be _____.
아마 네가 맞을 거야.

5 It is _____ to tell lies.
거짓말을 하는 것은 나쁜 일이다.

1521 **hungry**
[hʌ́ŋgri 헝그리] 배고픈

1522 **full**
[ful 풀] 배부른

1523 **healthy**
[hélθi 헬씨] 건강한

1524 **ill**
[il 일] 아픈, 병든

1525 **sick**
[sik 씩] 아픈

1526 **bored**
[bɔːrd 보-드] 지루한

1527 **sleepy**
[slíːpi 슬리-피] 졸린

1528 **tired**
[taiəːrd 타이어-드] 피곤한

1529 **afraid**
[əfréid 어프레이드] 두려워하는

1530 **scared**
[skɛəːrd 스케어-드] 무서운

1531 **surprised**
[sərpráizd 써프라이즈드] 놀란

1532 **worried**
[wə́ːrid 워-리드] 걱정하는

1533 **angry**
[ǽŋgri 앵그리] 화난

1534 **mad**
[mæd 매드] 미친

1535 **exciting**
[iksáitiŋ 익싸이팅] 흥미진진한

1536 **interesting**
[íntəristiŋ 인터리스팅] 재미있는

A 다음 그림에 해당하는 영어 단어를 연결해 보세요.

1 2 3 4 5

hungry   healthy   ill   angry   scared

B 다음 각 영어 단어의 뜻을 우리말로 써 보세요.

1 sick _____   2 bored _____

3 sleepy _____   4 afraid _____

5 worried _____   6 mad _____

C 다음 영어 문장을 읽고 빈칸에 알맞은 영어 단어를 써 넣으세요.

1 You can't run on a _____ stomach.
배가 잔뜩 부르면 달리기를 할 수가 없다.

2 The game was very _____.
게임은 아주 흥미진진했다.

3 I was _____, to say the least.
난 놀랐었어. 전혀 과장이 아냐.

4 Really, I'm not in the least _____.
정말이야. 난 하나도 안 피곤해.

5 That looks an _____ book.
저것은 재미있는 책 같다.

1537
look
[luk 룩] 보다

1538
see
[si: 씨-] 보다, 보이다

1539
watch
[wɑtʃ 와취] 살펴보다

1540
listen
[lísn 리슨] (귀 기울여) 듣다

1541
hear
[hiər 히어] 듣다, 들리다

1542
read
[ri:d 리-드] 읽다

1543
write
[rait 라이트] 쓰다

1544
study
[stʌdi 스터디] 공부하다

1545
practice
[præktis 프랙티스] 연습하다

1546
draw
[drɔ: 드로우-] 그리다

1547
paint
[peint 페인트] 색칠하다

1548
bend
[bend 벤드] 구부리다

1549
fold
[fould 포울드] 접다

1550
paste
[peist 페이스트] 풀칠하다

1551
smell
[smel 스멜] 냄새 맡다

1552
sing
[siŋ 씽] 노래하다

A 다음 그림에 해당하는 영어 단어를 연결해 보세요.

1	2	3	4	5

read   write   paint   bend   fold

B 다음 각 영어 단어의 뜻을 우리말로 써 보세요.

1 study _____   2 practice _____

3 draw _____   4 paste _____

5 smell _____   6 sing _____

C 다음 영어 문장을 읽고 빈칸에 알맞은 영어 단어를 써 넣으세요.

1 Don't _____ at me like that.
날 그렇게 보지 마.

2 At night you can _____ the stars.
밤에는 별을 볼 수 있다.

3 The game was a joy to _____.
그 경기는 보는 게 정말 즐거웠다.

4 Stop talking and _____!
이야기 그만하고 잘 들어!

5 I _____ a dog barking.
개 짖는 소리가 들리다.

223

1553 talk
[tɔːk 토-크] 말하다

1554 say
[sei 쎄이] 말하다

1555 speak
[spiːk 스피-크] 말하다

1556 cry
[krai 크라이] 울다

1557 shout
[ʃaut 샤우트] 소리치다

1558 repeat
[ripíːt 리피-트] 반복하다

1559 eat
[iːt 이-트] 먹다

1560 drink
[driŋk 드링크] 마시다

1561 taste
[teist 테이스트] 맛보다

1562 bite
[bait 바이트] 물다, 물어뜯다

1563 laugh
[læf 래프] 웃다

1564 smile
[smail 스마일] 미소짓다

1565 feel
[fiːl 피-일] 느끼다

1566 cut
[kʌt 컷] 자르다

1567 kiss
[kis 키스] 입 맞추다

1568 whistle
[ʍísl 위슬] 휘파람불다

A 다음 그림에 해당하는 영어 단어를 연결해 보세요.

1	2	3	4	5

cut   kiss   whistle   bite   eat

B 다음 각 영어 단어의 뜻을 우리말로 써 보세요.

1 repeat _____   2 drink _____

3 taste _____   4 laugh _____

5 smile _____   6 feel _____

C 다음 영어 문장을 읽고 빈칸에 알맞은 영어 단어를 써 넣으세요.

1 The baby is just starting to _____.
아기가 막 말을 하기 시작한다.

2 I don't know what to _____.
무슨 말을 해야 할지 모르겠어요.

3 Do you _____ English?
영어를 할 줄 아세요?

4 Don't _____ out all the answers.
모든 대답을 다 큰 소리로 하지는 마.

5 It's all right. Don't _____.
괜찮아. 울지 마.

225

1569	**walk** [wɔ:k 워-크] 걷다	1577	**push** [puʃ 푸쉬] 밀다

1569
walk
[wɔ:k 워-크] 걷다

1577
push
[puʃ 푸쉬] 밀다

1570
run
[rʌn 런] 뛰다

1578
pull
[pul 풀] 당기다

1571
jump
[dʒʌmp 점프] 펄쩍 뛰다

1579
skip
[skip 스킵] 건너뛰다

1572
hop
[hɑp 합] (한발로) 깡충 뛰다

1580
put
[put 풋] 놓다

1573
kick
[kik 킥] (발로) 차다

1581
lift
[lift 리프트] 들어올리다

1574
kneel
[ni:l 니-일] 무릎 꿇다

1582
throw
[θrou 쓰로우] 던지다

1575
catch
[kætʃ 캐취] 잡다

1583
yawn
[jɔ:n 여-언] 하품하다

1576
hold
[hould 호울드] 잡고 있다

1584
blow
[blou 블로우] 불다

A 다음 그림에 해당하는 영어 단어를 연결해 보세요.

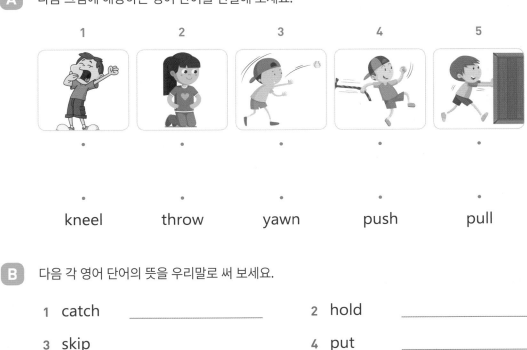

kneel   throw   yawn   push   pull

B 다음 각 영어 단어의 뜻을 우리말로 써 보세요.

1 catch _____   2 hold _____

3 skip _____   4 put _____

5 lift _____   6 blow _____

C 다음 영어 문장을 읽고 빈칸에 알맞은 영어 단어를 써 넣으세요.

1 I can't _____ that far.
난 그렇게 멀리는 걸을 수가 없어.

2 Can you _____ as fast as Mike?
너 마이크만큼 빨리 달릴 수 있니?

3 Can you _____ that gate?
너 저 문 뛰어넘을 수 있겠니?

4 How far can you _____ on your right foot?
오른발로 얼마나 멀리 깡충 뛸 수 있니?

5 He _____ed the ball hard.
그는 공을 힘껏 찼다.

227

1585 **go**
[gou 고우] 가다

1586 **come**
[kʌm 컴] 오다

1587 **carry**
[kǽri 캐리] 들고 있다, 나르다

1588 **clap**
[klæp 클랩] 박수치다

1589 **cook**
[kuk 쿡] 요리하다

1590 **dig**
[dig 디그] 구멍을 파다

1591 **drive**
[draiv 드라이브] 운전하다

1592 **feed**
[fiːd 피-드] 밥을 먹이다

1593 **pick up**
[pik_ʌp 픽 업] 집어들다

1594 **point**
[pɔint 포인트] 가리키다

1595 **pour**
[pɔːr 포-] 붓다

1596 **spill**
[spil 스필] 엎지르다

1597 **wash**
[wɑʃ 와쉬] 씻다

1598 **water**
[wɔːtər 워-터] 물을 주다

1599 **wave**
[weiv 웨이브] 손을 흔들다

1600 **wipe**
[waip 와이프] 닦아내다

A 다음 그림에 해당하는 영어 단어를 연결해 보세요.

1	2	3	4	5

clap   cook   dig   drive   water

B 다음 각 영어 단어의 뜻을 우리말로 써 보세요.

1 feed   _____   2 point   _____

3 pour   _____   4 spill   _____

5 wave   _____   6 wipe   _____

C 다음 영어 문장을 읽고 빈칸에 알맞은 영어 단어를 써 넣으세요.

1 Don't _____ without me.
나 없이[빼놓고] 가지 마.

2 Will you be able to _____?
너 올 수 있겠니?

3 _____ the pencil for me, will you?
연필 좀 집어 줄래?

4 Can I _____ up first?
저 먼저 씻어도 될까요?

5 Here, let me _____ that for you.
이리 줘, 내가 그거 들어줄게.

1601 **sit**
[sit 씻] 앉다

1602 **stand**
[stænd 스탠드] 일어서다

1603 **fall**
[fɔːl 포-올] 넘어지다

1604 **roll**
[roul 로울] 구르다

1605 **crawl**
[krɔːl 크로-올] 기다

1606 **climb**
[klaim 클라임] 기어오르다

1607 **chase**
[tʃeis 체이스] 쫓아가다

1608 **wait**
[weit 웨이트] 기다리다

1609 **fight**
[fait 파이트] 싸우다

1610 **quarrel**
[kwɔ́ːrəl 쿼-럴] 다투다

1611 **bow**
[bau 바우] (머리 숙여) 인사하다

1612 **break**
[breik 브레이크] 깨뜨리다

1613 **dance**
[dæns 댄스] 춤추다

1614 **play**
[plei 플레이] 놀다

1615 **sleep**
[sliːp 슬리-입] 잠자다

1616 **swim**
[swim 스윔] 수영하다

A 다음 그림에 해당하는 영어 단어를 연결해 보세요.

1	2	3	4	5

crawl   dance   break   sleep   swim

B 다음 각 영어 단어의 뜻을 우리말로 써 보세요.

1 sit _____   2 stand _____

3 chase _____   4 wait _____

5 bow _____   6 play _____

C 다음 영어 문장을 읽고 빈칸에 알맞은 영어 단어를 써 넣으세요.

1 I'm not going to _____, am I?
내가 넘어지는 건 아니겠지, 응?

2 So, are you ready to _____?
자, 굴러 내려갈 준비됐나요?

3 The hill is hard to _____.
그 언덕은 오르기 힘들다.

4 Don't _____ against me.
내게 싸움 걸지 마.

5 They _____ whenever they meet.
그들은 만나기만 하면 다툰다.

1617 up
[ʌp 업] 위로

1618 down
[daun 다운] 아래로

1619 in front of
[in_frʌnt_ʌv 인 프런트 어브] ~의 앞에

1620 behind
[biháind 비하인드] ~의 뒤에

1621 on
[ɔːn 오-온] ~위에 cf. 바닥에 접촉한 상태

1622 over
[óuvər 오우버] ~위에 cf. 떨어진 상태로 위에

1623 under
[ʌ́ndər 언더] ~아래에 cf. 떨어진 상태로 아래에

1624 above
[əbʌ́v 어버브] ~위에 cf. over보다 더 떨어진 위에

1625 below
[bilóu 빌로우] ~아래에
cf. under보다 더 아래에

1626 in
[in 인] ~안에

1627 out
[aut 아웃] ~밖에

1628 into
[íntu 인투] ~안으로

1629 from
[frʌm 프럼] ~에서부터

1630 to
[tuː 투-] ~까지

1631 between
[bitwíːn 비트위-인] ~사이에 cf. 둘 사이에

1632 among
[əmʌ́ŋ 어멍] ~사이에 cf. 셋 이상의 사이에

A 다음 그림에 해당하는 영어 단어를 연결해 보세요.

1	2	3	4	5

up   down   in front of   behind   between

B 다음 각 영어 단어의 뜻을 우리말로 써 보세요.

1 in _____   2 out _____

3 into _____   4 from _____

5 to _____   6 among _____

C 다음 영어 문장을 읽고 빈칸에 알맞은 영어 단어를 써 넣으세요.

1 He sat down _____ the bed.
그는 침대 위에 앉았다.

2 She put a blanket _____ the sleeping child.
그녀가 자고 있는 아이에게 담요를 덮어 주었다.

3 Put it on the shelf _____.
그건 위 선반에 놔.

4 I hid _____ the bed.
나는 침대 밑에 숨었다.

5 They live on the floor _____.
그들은 아래층에 산다.

1633 **of**
[ʌv 어브] ~의

1634 **at**
[æt 앳] ~에 <장소, 시간>

1635 **as**
[æz 애즈] ~같은, ~로서

1636 **for**
[fɔːr 포-] ~을 위하여, ~동안

1637 **across**
[əkrɔ́ːs 어크로-스] ~을 가로질러

1638 **through**
[θru: 쓰루-] ~을 통하여

1639 **round**
[raund 라운드] ~을 돌아서

1640 **after**
[ǽftər 애프터] ~후에

1641 **next to**
[nekst_tu: 넥스트 투-] ~바로 옆에

1642 **by**
[bai 바이] ~의 곁(가)에

1643 **beside**
[bisáid 비싸이드] 옆에

1644 **about**
[əbáut 어바우트] ~에 관하여

1645 **before**
[bifɔ́ːr 비포-] ~이전

1646 **till**
[til 틸] ~까지(줄곧), ~에 이르기까지

1647 **until**
[əntíl 언틸] ~(때)까지

1648 **with**
[wið 위드] ~와 함께

A 다음 그림에 해당하는 영어 단어를 연결해 보세요.

1	2	3	4	5

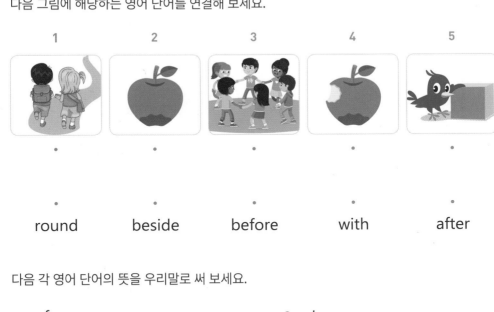

round   beside   before   with   after

B 다음 각 영어 단어의 뜻을 우리말로 써 보세요.

1 of _____   2 at _____

3 as _____   4 for _____

5 about _____   6 by _____

C 다음 영어 문장을 읽고 빈칸에 알맞은 영어 단어를 써 넣으세요.

1 He walked _____ the field.
그는 들판을 가로질러 걸어갔다.

2 He went _____ that door.
그는 저 문을 통해 들어갔다.

3 Can I sit _____ you?
네 옆에 앉아도 되겠니?

4 Wait _____ I get my hands on him!
내가 그를 잡을 때까지 기다려!

5 Let's wait _____ the rain stops.
비가 그칠 때까지 기다리자.

1649 again
[əgén 어겐] 다시

1650 all
[ɔːl 오-올] 모두

1651 always
[ɔ́ːlweiz 오-올웨이즈] 항상

1652 away
[əwéi 어웨이] 떨어져

1653 early
[ɔ́ːrli 어-얼리] 일찍

1654 just
[dʒʌst 저스트] 오직, 겨우

1655 never
[névər 네버] 결코 ~않다

1656 now
[nau 나우] 지금

1657 often
[ɔ́ːfən 오-픈] 자주, 흔히

1658 once
[wʌns 원스] 한 번, 언젠가

1659 only
[óunli 오운리] 오직

1660 soon
[suːn 쑤-운] 곧

1661 too
[tuː 투-] 너무 (~하다)

1662 very
[véri 베리] 대단히, 매우

1663 yet
[jet 옛] 아직

1664 together
[təgéðər 터게더] 함께

A 다음 그림에 해당하는 영어 단어를 연결해 보세요.

| 1 | 2 | 3 | 4 | 5 |

all   just   yet   now   never

B 다음 각 영어 단어의 뜻을 우리말로 써 보세요.

1 often _____   2 once _____

3 only _____   4 soon _____

5 very _____   6 together _____

C 다음 영어 문장을 읽고 빈칸에 알맞은 영어 단어를 써 넣으세요.

1 He's _____ cutting class.
그는 늘 수업을 빼 먹는다.

2 Tom and I left _____.
톰과 나는 일찍 떠났다.

3 The beach is a mile _____.
해변은 1마일 떨어져 있다.

4 This must never happen _____.
이런 일이 다시는 일어나선 안 된다.

5 He's far _____ young to go on his own.
그는 혼자 가기엔 너무 어리다.

1665 **and**
[ænd 앤드] 그리고

1666 **or**
[ɔːr 오-어] 또는

1667 **but**
[bʌt 벗] 그러나

1668 **because**
[bikɔ́ːz 비코-즈] 때문에

1669 **if**
[if 이프] 만약

1670 **than**
[ðæn 댄] ~보다[도]

1671 **what**
[hwɑt 왓] 무엇

1672 **when**
[hwen 웬] 언제

1673 **where**
[hwɛəːr 웨어-] 어디

1674 **which**
[hwitʃ 위취] 어느 쪽

1675 **who**
[huː 후-] 누구

1676 **why**
[hwai 와이] 왜

1677 **yes**
[jes 예스] 네

1678 **yeah**
[jɛə 예어] 예

1679 **oh**
[ou 오우] 오!

1680 **okay**
[òukéi 오우케이] 좋아

A 다음 그림에 해당하는 영어 단어를 연결해 보세요.

| 1 | 2 | 3 | 4 | 5 |

and   or   but   than   when

B 다음 각 영어 단어의 뜻을 우리말로 써 보세요.

1 where _____   2 which _____

3 who _____   4 yes _____

5 oh _____   6 okay _____

C 다음 영어 문장을 읽고 빈칸에 알맞은 영어 단어를 써 넣으세요.

1 I did it _____ he told me to.
   나는 그가 하라고 해서 그렇게 한 거예요.

2 _____ you see him, give him this note.
   그를 만나면 이 쪽지 좀 전해 줘.

3 _____ do you want to do tomorrow?
   내일은 뭘 하고 싶니?

4 Tell me _____ you did it.
   왜 그랬는지 말해 봐.

5 'Don't let go.' '_____, gotcha.'
   "놓지 마." "그래, 알았어."

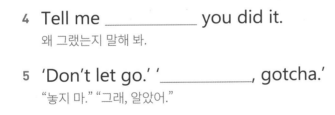

239

부록

교육부 지정

초등 영단어 800

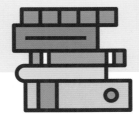

A

a/an [ə 어 / ən 언] 하나의

about [əbáut 어바웃] ~에 대해서, ~에 관한

across [əkrɔ́:s 어크로-스]
  ~의 건너편에(가로질러)

act [ækt 액트] 행동(하다)

address [ədrés 어드레스] 주소

afraid [əfréid 어프레이드] 두려워하는

after [ǽftər 애프터] ~후에, 다음에

afternoon [æftərnú:n 애프터누-운] 오후

again [əgén 어겐] 다시

age [eidʒ 에이지] 나이

ago [əgóu 어고우] 이전에

air [εər 에어] 공기

airport [éərpɔ̀:rt 에어포-트] 공항

album [ǽlbəm 앨범] 앨범

all [ɔ:l 오-올] 모두, 모든

along [əlɔ́:ŋ 얼로-옹] ~을 따라서

always [ɔ́:lweiz 오올웨이즈] 항상

among [əmʌ́ŋ 어멍] ~사이에

and [ænd 앤드] 그리고

angry [ǽŋgri 앵그리] 화난

animal [ǽniməl 애니멀] 동물

answer [ǽnsər 앤서] 대답, 답

any [éni 에니] 어떤, 아무런

apartment [əpá:rtmənt 어파-트먼트] 아파트

apple [ǽpl 애플] 사과

arm [ɑ:rm 아-암] 팔

around [əráund 어라운드] 주위에

arrive [əráiv 어라이브] 도착하다

as [æz 애즈] ~처럼(같이), ~로서

ask [æsk 애스크] 묻다

at [æt 앳] <시간, 장소> ~에

aunt [ænt 앤트] 아주머니, 이모, 고모

autumn [ɔ́:təm 오-텀] 가을

away [əwéi 어웨이] (~로부터) 떨어져

B

baby [béibi 베이비] 아기

back [bæk 백] 등, 뒤쪽

bad [bæd 배드] 나쁜

bag [bæg 백] 가방

ball [bɔ:l 보-올] 공

balloon [bəlú:n 벌루-운] 풍선

banana [bənǽnə 버내너] 바나나

band [bænd 밴드] 끈, 밴드(악단)

bank [bæŋk 뱅크] 은행

base [beis 베이스] 기초

basket [bǽskit 배스킷] 바구니

bath [bæθ 배쓰] 목욕

be [bi 비] ~이다, 있다

beach [biːtʃ 비-취] 해변, 바닷가

bear [bɛər 베어] 곰

beautiful [bjúːtifl 뷰-티플] 아름다운

because [bikɔ́ːz 비코-즈] ~때문에

become [bikʌ́m 비컴] ~이 되다

bed [bed 베드] 침대

before [bifɔ́ːr 비포-] ~전에 <시간>

begin [bigín 비긴] 시작하다

behind [biháind 비하인드] ~의 뒤에

bell [bel 벨] 종, 벨

below [bilóu 빌로우] ~의 아래에

bench [bentʃ 벤취] 긴 의자, 벤치

beside [bisáid 비싸이드] ~의 옆에

between [bitwíːn 비트위-인] ~의 사이에

bicycle [báisikl 바이씨클] 자전거

big [big 빅] 큰

bird [bəːrd 버-드] 새

birthday [bə́ːrθdèi 버-쓰데이] 생일

black [blæk 블랙] 검은

blow [blou 블로우] 불다

blue [bluː 블루-] 파란, 푸른

board [bɔːrd 보-드] 판자, 게시판

boat [bout 보우트] 배, 보트

body [bádi 바디] 몸

book [buk 북] 책

bottle [bátl 바틀] 병

bowl [boul 보울] 그릇, 공기

box [baks 박스] 상자, 박스

boy [bɔi 보이] 소년

bread [bred 브레드] 빵

break [breik 브레익] 깨뜨리다, 부수다

breakfast [brékfəst 브렉퍼스트] 아침식사

bridge [bridʒ 브리쥐] 다리

bright [brait 브라이트] 밝은

bring [briŋ 브링] 가져오다

brother [brʌ́ðər 브러더] 남자 형제

brown [braun 브라운] 갈색, 갈색의

brush [brʌʃ 브러쉬] 붓, 솔, 솔질하다

build [bild 빌드] 짓다

burn [bəːrn 버-언] 불타다

bus [bʌs 버스] 버스

busy [bízi 비지] 바쁜

but [bʌt 벗] 그러나

butter [bʌ́tər 버터] 버터

button [bʌ́tn 버튼] 단추, 버튼

buy [bai 바이] 사다

by [bai 바이] ~의 옆에

bye [bai 바이] 안녕 <헤어질 때 인사>

C

cake [keik 케이크] 케이크

calendar [kǽlindər 캘린더] 달력

call [kɔːl 코-올] 부르다, 전화하다

camera [kǽmərə 캐머러] 카메라

camp [kæmp 캠프] 야영장, 캠프

can [kæn 캔] ~할 수 있다

candle [kǽndl 캔들] 양초

candy [kǽndi 캔디] 사탕, 캔디

cap [kæp 캡] (야구) 모자

capital [kǽpitl 캐피틀] 수도(서울)

captain [kǽptin 캡틴] 우두머리, 주장

car [kɑːr 카-] 자동차

card [kɑːrd 카-드] 카드

care [kɛər 케어] 걱정, 돌보다

carry [kǽri 캐리] 운반하다

case [keis 케이스] 상자, 경우

cat [kæt 캣] 고양이

catch [kætʃ 캐취] 잡다

ceiling [síːliŋ 씨-일링] 천장

center [séntər 쎈터] 중앙

chair [tʃɛər 체어] 의자

chalk [tʃɔːk 초-크] 분필

chance [tʃæns 챈스] 기회

change [tʃeindʒ 체인지] 바꾸다

cheap [tʃiːp 취-입] (값이) 싼

cheese [tʃiːz 취-즈] 치즈

chicken [tʃíkin 취킨] 닭

child [tʃaild 차일드] 어린이

chopstick [tʃápstìk 찹스틱] 젓가락

church [tʃəːrtʃ 처-취] 교회

circle [sə́ːrkl 써-클] 원, 동그라미

city [síti 씨티] 도시

class [klæs 클래스] 학급(반), 수업

classmate [klǽsmèit 클래스메이트]
    급우, 반 친구

clean [kliːn 클리-인] 깨끗한

climb [klaim 클라임] 오르다

clock [klɑk 클락] 시계

close [klouz 클로우즈] 닫다

clothes [klouðz 클로우드즈] 옷

cloud [klaud 클라우드] 구름

club [klʌb 클럽] 동아리, 클럽

coat [kout 코우트] 외투, 코트

coffee [kɔ́:fi 코-피] 커피

coin [kɔin 코인] 동전, 코인

cold [kould 코울드] 추운, 차가운

color [kʌ́lər 컬러] 색깔, 컬러

come [kʌm 컴] 오다

computer [kəmpjú:tər 컴퓨-터] 컴퓨터

cook [kuk 쿡] 요리사, 요리하다

cool [ku:l 쿠-울] 시원한

copy [kápi 카피] 베끼다

corner [kɔ́:rnər 코-너] 모퉁이, 코너

count [kaunt 카운트] 세다, 계산하다

country [kʌ́ntri 컨트리] 시골, 나라

course [kɔ:rs 코-스] 과정, 코스

cousin [kʌ́zn 커즌] 사촌

cover [kʌ́vər 커버] 덮다

cow [kau 카우] 소

crayon [kréiən 크레이언] 크레용

cream [kri:m 크리-임] 크림

cross [krɔ:s 크로-스] 가로지르다

cry [krai 크라이] 울다

cup [kʌp 컵] 잔, 컵

curtain [kə́:rtn 커-튼] 커튼

cut [kʌt 컷] 베다, 자르다

D

dad(dy) [dæd(i) 대드(디)] 아빠

dance [dæns 댄스] 춤추다

danger [déindʒər 데인저] 위험

dark [dɑ:rk 다-크] 어두운

date [deit 데이트] 날짜

daughter [dɔ́:tər 도-터] 딸

day [dei 데이] 낮, 하루

dead [ded 데드] 죽은

deep [di:p 디-입] 깊은

deer [diər 디어] 사슴

desk [desk 데스크] 책상

dial [dáiəl 다이얼] 다이얼

diary [dáiəri 다이어리] 일기

dictionary [díkʃənèri 딕셔네리] 사전

die [dai 다이] 죽다

dinner [dínər 디너] 저녁식사

dirty [dɔ́ːrti 더-티] 더러운

dish [diʃ 디쉬] 접시

do [duː 두-] 하다

doctor [dáktər 닥터] 의사

dog [dɔːg 도-그] 개

doll [dɔl 돌] 인형

dollar [dálər 달러] 달러

dolphin [dɔ́lfin 돌핀] 돌고래

door [dɔːr 도어-] 문

down [daun 다운] 아래로, 아래에

draw [drɔː 드로-] 그리다, 당기다

dream [driːm 드리-임] 꿈, 꿈꾸다

dress [dres 드레스] 드레스

drink [driŋk 드링크] 마시다

drive [draiv 드라이브] 운전하다

drop [drɑp 드랍] 떨어뜨리다, 방울

drum [drʌm 드럼] 북, 드럼

dry [drai 드라이] 마른, 건조한

duck [dʌk 덕] 오리

E

ear [iər 이어] 귀

early [ɔ́ːrli 어-얼리] 일찍

earth [əːrθ 어-쓰] 지구

east [iːst 이-스트] 동쪽, 동쪽의

easy [íːzi 이-지] 쉬운

eat [iːt 이-트] 먹다

egg [eg 에그] 달걀

empty [émpti 엠티] 빈

end [end 엔드] 끝

engine [éndʒin 엔진] 기관, 엔진

enjoy [indʒɔ́i 인조이] 즐기다

enough [inʌ́f 이너프] 충분한, 충분히

eraser [iréisər 이레이서] 지우개

evening [íːvniŋ 이-브닝] 저녁

every [évri 에브리] 모든, 매~(마다)

example [igzǽmpl 이그잼플] 예, 보기

excellent [éksələnt 엑설런트] 우수한, 뛰어난

excite [iksáit 익사이트] 흥분시키다

excuse [ikskjúːz 익스큐-즈] 용서하다

exercise [éksərsàiz 엑서싸이즈] 운동, 연습

eye [ai 아이] 눈

F

face [feis 페이스] 얼굴

fact [fækt 팩트] 사실

fair [fɛər 페어] 공정한

fall [fɔːl 포-올] 떨어지다

family [fǽməli 패멀리] 가족

famous [féiməs 페이머스] 유명한

far [fɑːr 파-] 멀리

farm [fɑːrm 파-암] 농장

fast [fæst 패스트] 빠른

fat [fæt 팻] 살찐, 뚱뚱한

father [fɑ́ːðər 파-더] 아버지

feel [fiːl 피-일] 느끼다

few [fjuː 퓨-] 거의 없는, 적은

field [fiːld 피-일드] 들판, 경기장

fight [fait 파이트] 싸움, 싸우다

fill [fil 필] 채우다

film [film 필름] 영화, 필름

find [faind 파인드] 찾다

fine [fain 파인] 좋은

finger [fíŋgər 핑거] 손가락

finish [fíniʃ 피니쉬] 끝내다

fire [faiər 파이어] 불

fish [fiʃ 피쉬] 물고기

fix [fiks 픽스] 고치다, 고정시키다

flag [flæg 플래그] 깃발

floor [flɔːr 플로-] 바닥, 층

flower [fláuər 플라워] 꽃

fly [flai 플라이] 날다

follow [fálou 팔로우] 뒤따르다

food [fuːd 푸-드] 음식

fool [fuːl 푸-울] 바보

foot [fut 풋] 발

for [fɔːr 포-] ~를 위하여, ~동안

forget [fərgét 퍼겟] 잊다

fork [fɔːrk 포-크] 포크

free [friː 프리-] 자유로운

fresh [freʃ 프레쉬] 신선한

friend [frend 프렌드] 친구

from [frʌm 프럼] ~로부터, ~에서

front [frʌnt 프런트] 앞, 정면

fruit [fruːt 프루-트] 과일

full [ful 풀] 가득찬

fun [fʌn 펀] 재미, 즐거운

G

game [geim 게임] 경기, 게임

garden [gáːrdn 가-든] 정원

gas [gæs 개스] 가스

gate [geit 게이트] 대문

gentle [ʤéntl 젠틀] 점잖은, 상냥한

get [get 겟] 얻다

girl [gəːrl 거-얼] 소녀

give [giv 기브] 주다

glad [glæd 글래드] 기쁜

glass [glæs 글래스] 유리, 컵

glove [glʌv 글러브] 장갑

go [gou 고우] 가다

God [gɑd 갓] 신, 하나님

gold [gould 고울드] 금

good [gud 굿] 좋은, 훌륭한

grandmother [grǽndmʌðər 그랜머더]
할머니

grape [greip 그레입] 포도

grass [græs 그래스] 풀, 잔디

gray [grei 그레이] 회색의

great [greit 그레이트] 큰, 위대한

green [griːn 그리-인] 녹색의, 푸른

ground [graund 그라운드] 땅, 운동장

group [gruːp 그루-웁] 단체, 그룹

grow [grou 그로우] 성장하다, 자라다

guitar [gitáːr 기타-] 기타

H

hair [hɛər 헤어] 머리카락

half [hɑːf 하-프] 반, 2분의 1

hall [hɔːl 호-올] 넓은 방, 홀

hamburger [hǽmbəːrgər 햄버-거] 햄버거

hand [hænd 핸드] 손

handle [hǽndl 핸들] 손잡이

happen [hǽpən 해픈] 일어나다, 생기다

happy [hǽpi 해피] 행복한

hard [hɑːrd 하-드] 단단한, 열심히

hat [hæt 햇] 모자

hate [heit 헤이트] 싫어하다

have [hæv 해브] 가지고 있다

he [hiː 히-] 그, 그는, 남자(수컷)

head [hed 헤드] 머리

hear [hiər 히어] 듣다

heart [hɑːrt 하-트] 마음

heavy [hévi 헤비] 무거운

hello [helóu 헬로우] 안녕, 여보세요

help [help 헬프] 돕다

hen [hen 헨] 암탉

here [hiər 히어] 여기에

hi [hai 하이] 안녕 <만났을 때>

hide [haid 하이드] 숨다

high [hai 하이] 높은

hiking [háikiŋ 하이킹] 도보여행, 하이킹

hill [hil 힐] 언덕

hit [hit 히트] 때리다, 치다

hold [hould 호울드] 잡다

hole [houl 호울] 구멍

holiday [hálədèi 할러데이] 휴일

home [houm 호움] 집, 가정

hope [houp 호웁] 희망, 바라다

horse [hɔːrs 호-스] 말

hose [houz 호우즈] 호스

hospital [háspitl 하스피틀] 병원

hot [hat 핫] 뜨거운, 더운

hotel [houtél 호우텔] 호텔

hour [áuər 아워] 시간

house [haus 하우스] 집

how [hau 하우] 어떻게, 얼마

hundred [hʌ́ndrəd 헌드러드] 백(100)

hungry [hʌ́ŋgri 헝그리] 배고픈

hurry [hə́ːri 허-리] 서두르다

hurt [həːrt 허-트] 다치게 하다

I

I [ai 아이] 나(는)

ice [ais 아이스] 얼음

idea [aidíːə 아이디-어] 생각, 아이디어

if [if 이프] 만일 ~한다면

ill [il 일] 아픈

in [in 인] ~안에

ink [iŋk 잉크] 잉크

interest [íntərest 인터레스트] 흥미, 관심

into [íntu 인투] ~의 안으로

introduce [ìntrədjúːs 인트러듀-스] 소개하다

island [áilənd 아일런드] 섬

it [it 잇] 그것

J

job [ʤɑːb 자-압] 일

join [dʒɔin 조인] 가입하다

juice [dʒuːs 주-스] 주스

jump [dʒʌmp 점프] 뛰어오르다

jungle [dʒʌ́ŋgl 정글] 밀림지대, 정글

just [dʒʌst 저스트] 바로, 오직, 단지

K

keep [ki:p 키-입] 지키다, 보관하다

key [ki: 키-] 열쇠, 키

kick [kik 킥] 차다

kid [kid 키드] 아이

kill [kil 킬] 죽이다

kind [kaind 카인드] 종류, 친절한

king [kiŋ 킹] 왕

kitchen [kítʃin 키친] 주방

knee [ni: 니-] 무릎

knife [naif 나이프] 칼

knock [nɑk 낙] 두드리다, 노크

know [nou 노우] 알다, 알고 있다

L

lady [léidi 레이디] 숙녀

lake [leik 레이크] 호수

lamp [læmp 램프] 등, 램프

land [lænd 랜드] 땅, 육지

large [lɑːrdʒ 라-지] 큰, 많은

last [lɑːst 라-스트] 마지막의, 지난

late [leit 레이트] 늦은

later [léitər 레이터] 후에, 나중에

laugh [læf 래프] 웃다

lead [li:d 리-드] 인도하다, 이끌다

leaf [li:f 리-프] 나뭇잎

learn [ləːrn 러-언] 배우다

leave [li:v 리-브] 떠나다, 남기다

left [left 레프트] 왼쪽, 왼쪽의

leg [leg 레그] 다리

lesson [lésn 레쓴] 수업, 레슨

let [let 렛] (~을 하도록) 허락하다

letter [létər 레터-] 편지

library [láibrèri 라이브레리] 도서관

lie [lai 라이] 거짓말(하다)

light [lait 라이트] (불)빛

like [laik 라이크] 좋아하다

line [lain 라인] 선, 줄

lion [láiən 라이언] 사자

lip [lip 립] 입술

list [list 리스트] 목록

listen [lísn 리슨] (귀 기울여) 듣다

little [lítl 리틀] 작은, 어린

live [laiv 라이브] 생생한 / [liv 리브] 살다

long [lɔ:ŋ 로-옹] 긴

look [luk 룩] 보다

lose [lu:z 루-즈] 잃다

lot [lɑt 랏] 많음, 많은

loud [laud 라우드] (소리가) 큰

love [lʌv 러브] 사랑(하다)

low [lou 로우] 낮은

luck [lʌk 럭] 행운

lunch [lʌntʃ 런취] 점심

M

ma'am [mæm 맴] 아주머니

mad [mæd 매드] 미친

mail [meil 메일] 우편, 우편물

make [meik 메이크] 만들다

man [mæn 맨] 남자

many [méni 메니] 많은, 다수의

map [mæp 맵] 지도

march [mɑ:rtʃ 마-취] 행진하다, 3월(M-)

market [má:rkit 마-킷] 시장

marry [mǽri 매리] 결혼하다

matter [mǽtər 매터] 문제

may [mei 메이] ~해도 좋다, 5월(M-)

meat [mi:t 미-트] 고기

medal [médl 메들] 메달

meet [mi:t 미-트] 만나다

melon [mélən 멜런] 멜론

meter [mí:tər 미-터] 미터

middle [mídl 미들] 중앙, 가운데

milk [milk 밀크] 우유

million [míljən 밀리언] 100만

minute [mínit 미닛] 분

mirror [mírər 미러] 거울

Miss [mis 미스] ~씨(양)

model [mádl 마들] 모형, 모델

mom(my) [mɑm(i) 맘(마미)] 엄마

money [mʌ́ni 머니] 돈

monkey [mʌ́ŋki 멍키] 원숭이

month [mʌnθ 먼쓰] 달(월)

moon [mu:n 무-운] 달

morning [mɔ́:rniŋ 모-닝] 아침

mother [mʌ́ðər 머더] 어머니

mountain [máuntn 마운튼] 산

mouth [mauθ 마우쓰] 입

251

move [muːv 무-브] 움직이다

movie [múːvi 무-비] 영화

Mr. [místər 미스터] ~씨

Mrs. [mísiz 미시즈] ~씨, 부인

much [mʌtʃ 머취] (양이) 많은

music [mjúːzik 뮤-직] 음악

must [mʌst 머스트] ~해야 한다,
　~임에 틀림없다

N

name [neim 네임] 이름

narrow [nǽrou 내로우] (폭이) 좁은

near [niər 니어] 가까운, 근처에

neck [nek 넥] 목

need [niːd 니-드] 필요(하다)

never [névər 네버] 결코 ...않다

new [njuː 뉴-] 새로운

news [njuːz 뉴-즈] 소식, 뉴스

next [nekst 넥스트] 다음의

nice [nais 나이스] 좋은, 괜찮은

night [nait 나이트] 밤

no [nou 노우] 아니다, 없다

noise [nɔiz 노이즈] 소음

north [nɔːrθ 노-쓰] 북쪽, 북쪽의

nose [nouz 노우즈] 코

not [nɑt 낫] ~아니다, ~않다

note [nout 노우트] 공책(노트), 메모

now [nau 나우] 지금, 현재

number [nʌ́mbər 넘버] 숫자

nurse [nəːrs 너-스] 간호사

O

o'clock [əklɑk 어클락] ~시(정각)

of [ʌv 어브] ~의

off [ɔːf 오-프] 떨어져서, 멀리

office [ɔ́ːfis 오-피스] 사무실

often [ɔ́ːfn 오-픈] 자주, 흔히

oh [ou 오우] 오!

oil [ɔil 오일] 기름

okay(OK) [òukéi 오우케이] 좋아!

old [ould 오울드] 낡은, 늙은

on [ɔːn 오-온] ~위에, ~에 접하여

once [wʌns 원스] 한 번

only [óunli 오운리] 오직, 유일한, ~만의

open [óupən 오우픈] 열린 열다

or [ɔːr 오-] 또는, ~아니면

orange [ɔ́:rindʒ 오-린지] 오렌지

other [ʌðər 어더] 그 밖의, 다른

out [aut 아웃] 밖으로

over [óuvər 오우버] ~위쪽에

P

page [peidʒ 페이지] 쪽, 페이지

paint [peint 페인트] 물감, 페인트 칠하다

pair [pɛər 페어] 짝, 한 쌍

pants [pænts 팬츠] 바지

paper [péipər 페이퍼] 종이

pardon [páːrdn 파-든] 용서하다

parents [pɛ́ərənts 페어런츠] 부모님

park [paːrk 파-크] 공원

party [páːrti 파-티] 파티

pass [pæs 패스] 통과하다

pay [pei 페이] 지불하다

peace [piːs 피-스] 평화

pear [pɛər 페어] 배 <과일>

pen [pen 펜] 펜

pencil [pénsl 펜슬] 연필

people [píːpl 피-플] 사람들

piano [piǽnou 피애노우] 피아노

pick [pik 픽] 고르다, 따다

picnic [píknik 피크닉] 소풍

picture [píktʃər 픽처] 그림, 사진

piece [piːs 피-쓰] 조각

pig [pig 피그] 돼지

pilot [páilət 파일럿] 조종사

pin [pin 핀] 핀

pine [pain 파인] 소나무

pink [piŋk 핑크] 분홍색의

pipe [paip 파이프] 관, 파이프

place [pleis 플레이스] 장소

plan [plæn 플랜] 계획

plane [plein 플레인] 비행기

plant [plænt 플랜트] 식물

play [plei 플레이] 놀다

please [pliːz 플리-즈] 부디, 제발, 기쁘게 하다

pocket [pákit 파킷] 주머니

point [pɔint 포인트] 점, 요점

police [pəlíːs 펄리-스] 경찰

pool [puːl 푸-울] 웅덩이, 풀장

poor [puər 푸어] 가난한

post [poust 포우스트] 우편

poster [póustər 포우스터] 벽보, 포스터

potato [pətéitou 퍼테이토우] 감자

practice [prǽktis 프랙티스] 연습(하다)

present [preznt 프레즌트] 선물, 현재의

pretty [príti 프리티] 예쁜

print [print 프린트] 인쇄하다, 프린트하다

problem [prábləm 프라블럼] 문제

pull [pul 풀] 끌다, 잡아당기다

push [puʃ 푸쉬] 밀다

put [put 풋] 두다, 놓다

Q

queen [kwiːn 퀴-인] 여왕

question [kwéstʃən 퀘스천] 질문

quick [kwik 퀵] 빠른

quiet [kwáiət 콰이엇] 조용한

R

radio [réidioù 레이디오우] 라디오

rain [rein 레인] 비

rainbow [reinbou 레인보우] 무지개

read [riːd 리-드] 읽다

ready [rédi 레디] 준비된

real [ríːəl 리-얼] 실제의, 진짜의

record [rikɔ́ːrd 리코-드] 기록[녹음]하다

red [red 레드] 빨간

remember [rimémbər 리멤버] 기억하다

repeat [ripíːt 리피-트] 반복하다

rest [rest 레스트] 휴식, 쉬다

restaurant [réstərənt 레스터런트] 식당

return [ritə́ːrn 리터-언] 되돌아가다(오다)

ribbon [ríbən 리번] 띠, 리본

rice [rais 라이스] 쌀, 밥

rich [ritʃ 리취] 부유한

ride [raid 라이드] 타다

right [rait 라이트] 오른쪽, 옳은

ring [riŋ 링] 반지

river [rívər 리버] 강

road [roud 로우드] 길

robot [róubət 로우벗] 로봇

rock [rɑk 락] 바위

rocket [rɑ́kit 라킷] 로켓

roll [roul 로울] 구르다

roof [ruːf 루-프] 지붕

room [ruːm 루-움] 방

rose [rouz 로우즈] 장미

round [raund 라운드] 둥근

ruler [rúːlər 루-울러] 자

run [rʌn 런] 달리다

S

sad [sæd 쌔드] 슬픈

safe [seif 쎄이프] 안전한

salad [sǽləd 쌜러드] 샐러드

salt [sɔːlt 쏘-올트] 소금

same [seim 쎄임] 같은

sand [sænd 쌘드] 모래

say [sei 쎄이] 말하다

school [skuːl 스쿠-울] 학교

score [skɔːr 스코-] 점수

sea [si: 씨-] 바다

season [síːzn 씨-즌] 계절

seat [siːt 씨-트] 의자, 자리

see [si: 씨-] 보다

sell [sel 쎌] 팔다

send [send 쎈드] 보내다

service [sə́ːrvis 써-비스] 봉사하다, 서비스

set [set 쎘] 놓다, 두다

shall [ʃæl 섈] ~일(할) 것이다

shape [ʃeip 셰입] 모양

she [ʃi: 쉬-] 그녀, 여자(암컷)

sheep [ʃiːp 쉬-입] 양

sheet [ʃiːt 쉬-트] 시트, ~장(종이)

ship [ʃip 쉽] 배

shirt [ʃəːrt 셔-츠] 셔츠

shoe [ʃu: 슈-] 신발

shoot [ʃuːt 슈-트] 쏘다

shop [ʃɑp 샵] 가게

short [ʃɔːrt 쇼-트] 짧은

shoulder [ʃóuldər 쇼울더] 어깨

shout [ʃaut 샤우트] 외치다

show [ʃou 쇼우] 보여주다

shower [ʃáuər 샤워] 소나기, 샤워

shut [ʃʌt 셛] 닫다, 잠그다

sick [sik 씩] 아픈

side [said 싸이드] 쪽, 옆

sign [sain 싸인] 기호, 서명

silver [sílvər 씰버] 은

sing [siŋ 씽] 노래하다

sir [səːr 써-] ~님, 손님

sister [sístər 씨스터] 여자 형제, 자매

sit [sit 씻] 앉다

size [saiz 싸이즈] 크기, 사이즈

skate [skeit 스케이트] 스케이트(를 타다)

skirt [skəːrt 스커-트] 치마, 스커트

sky [skai 스카이] 하늘

sleep [sliːp 슬리-입] 자다

slide [slaid 슬라이드] 미끄럼틀, 미끄러지다

slow [slou 슬로우] 느린

small [smɔːl 스모-올] 작은

smell [smel 스멜] 냄새가 나다

smile [smail 스마일] 미소, 웃음 웃다

smoke [smouk 스모욱] 연기

snow [snou 스노우] 눈, 눈이 내리다

so [sou 쏘우] 너무나, 그렇게

soap [soup 쏘웁] 비누

soccer [sákər 싸커] 축구

socks [saks 싹스] 양말

soft [sɔːft 쏘-프트] 부드러운

some [sʌm 썸] 약간의

son [sʌn 썬] 아들

song [sɔːŋ 쏘-옹] 노래

soon [suːn 쑤-운] 곧

sorry [sɔ́ːri 쏘-리] 미안한

sound [saund 싸운드] 소리

soup [suːp 쑤-웁] 수프

south [sauθ 싸우쓰] 남쪽, 남쪽의

space [speis 스페이스] 공간, 우주

speak [spiːk 스피-크] 말하다

speed [spiːd 스피-드] 속도

spell [spel 스펠] 철자를 쓰다

spend [spend 스펜드] (돈시간을) 쓰다, 보내다

spoon [spuːn 스푸-운] 숟가락

sport [spɔːrt 스포-츠] 운동, 스포츠

spring [spriŋ 스프링] 봄, 스프링

square [skwɛəːr 스퀘어-] 정사각형

stairs [stɛərz 스테어즈] 계단

stamp [stæmp 스탬프] 우표

stand [stænd 스탠드] 서다, 서 있다

star [staːr 스타-] 별

start [staːrt 스타-트] 시작하다

station [stéiʃən 스테이션] 역

stay [stei 스테이] 머무르다

steam [stiːm 스티-임] 증기

step [step 스텝] 걸음

stick [stik 스틱] 막대기, 스틱

stone [stoun 스토운] 돌

stop [stap 스탑] 멈추다

store [stɔːr 스토-] 가게

storm [stɔːrm 스토-옴] 폭풍

story [stɔ́ːri 스토-리] 이야기

stove [stouv 스토우브] 난로, 스토브

straight [streit 스트레이트] 곧은, 똑바른

strange [streindʒ 스트레인지] 이상한

strawberry [strɔ́ːbèri 스트로-베리] 딸기

street [striːt 스트리-트] 거리

strike [straik 스트라이크] 치다, 때리다

strong [strɔːŋ 스트로-옹] 강한

student [stjúːdənt 스튜-던트] 학생

study [stʌ́di 스터디] 공부하다

stupid [stjúːpid 스튜-피드] 어리석은

subway [sʌ́bwèi 썹웨이] 지하철

sugar [ʃúgər 슈거] 설탕

summer [sʌ́mər 썸머] 여름

sun [sʌn 썬] 해, 태양

supermarket [súːpərmàːrkit 수-퍼마-킷] 슈퍼마켓

supper [sʌ́pər 써퍼] 저녁식사, 만찬

sure [ʃuər 슈어] 확신하는, 확실한

surprise [sərpráiz 써프라이즈] 놀람, 놀라게 하다

sweater [swétər 스웨터] 스웨터

sweet [swiːt 스위-트] 달콤한

swim [swim 스윔] 수영하다

swing [swiŋ 스윙] 그네, 흔들리다

switch [switʃ 스위취] 스위치

T

table [téibl 테이블] 탁자, 테이블

take [teik 테이크] 붙잡다, 가져가다

talk [tɔːk 토-크] 말하다

tall [tɔːl 토-올] 키가 큰

tape [teip 테입] 테이프

taste [teist 테이스트] 맛, 맛보다

taxi [tǽksi 택시] 택시

tea [tiː 티-] 차

teach [tiːtʃ 티-취] 가르치다

team [tiːm 티-임] 팀

telephone [télifòun 텔리포운] 전화기

television [télivìʒən 텔리비전] 텔레비전

tell [tel 텔] 말하다

temple [témpl 템플] 절, 사원

tennis [ténis 테니스] 테니스

test [test 테스트] 시험, 테스트

than [ðæn 댄] ~보다

thank [θæŋk 쌩크] 감사하다

that [ðæt 댓] 저것

the [ðə 더] 그, 저

then [ðen 덴] 그때

there [ðɛəʳ 데어-] 거기에, 그곳에

they [ðei 데이] 그들

thick [θik 씩] 두꺼운

thin [θin 씬] 얇은

thing [θiŋ 씽] 물건, 것

think [θiŋk 씽크] 생각하다

thirsty [θə́ːʳsti 써-스티] 목마른

this [ðis 디스] 이것

thousand [θáuzənd 싸우전드] 1,000, 천

through [θruː 쓰루-] ~을 통해[관통하여]

throw [θrou 쓰로우] 던지다

ticket [tíkit 티킷] 표, 티켓

tie [tai 타이] 넥타이, 묶다

tiger [táigəʳ 타이거] 호랑이

till [til 틸] ~까지

time [taim 타임] 시간

tired [taiəʳd 타이어드] 피곤한

to [tu: 투-] ~에게, ~으로

today [tudéi 투데이] 오늘

together [təgéðəʳ 터게더] 함께

tomato [təméitou 터메이토우] 토마토

tomorrow [təmáːrou 터마-로우] 내일

tonight [tunáit 투나잇] 오늘밤

too [tu: 투-] 또한, 너무

tooth [tu:θ 투-쓰] 이, 치아

top [tɑp 탑] 꼭대기

touch [tʌtʃ 터취] 만지다

town [taun 타운] 읍, 도시

toy [tɔi 토이] 장난감

train [trein 트레인] 열차

travel [trǽvəl 트레벌] 여행하다

tree [tri: 트리-] 나무

trip [trip 트립] 여행

truck [trʌk 트럭] 화물차, 트럭

true [tru: 트루-] 참된, 진짜의

try [trai 트라이] 해보다, 시도하다

tulip [tjú:lip 튜-울립] 튤립

turn [təːʳn 터-언] 돌다, 회전시키다

twice [twais 트와이스] 두 번

U

umbrella [ʌmbrélə 엄브렐러] 우산

uncle [ʌ́ŋkl 엉클] 삼촌

under [ʌ́ndər 언더] 아래에

understand [ʌ̀ndərstǽnd 언더스탠드]
　이해하다

until [əntíl 언틸] ~까지

up [ʌp 업] 위로

use [júːs 유-스] 사용하다, 쓰다

usual [júːʒuəl 유-주얼] 보통의, 평소의

vacation [veikéiʃən 베이케이션] 방학, 휴가

vegetable [védʒətəbl 베지터블] 채소, 야채

very [véri 베리] 대단히, 몹시

video [vídiòu 비디오우] 비디오

village [vílidʒ 빌리지] 마을

violin [vàiəlín 바이얼린] 바이올린

visit [vízit 비지트] 방문하다

W

wait [weit 웨잇] 기다리다

wake [weik 웨이크] 잠이 깨다, 잠을 깨우다

walk [wɔːk 워-크] 걷다

wall [wɔːl 워-올] 벽

want [wɔnt 원트] 원하다

war [wɔːr 워-] 전쟁

warm [wɔːrm 워-엄] 따뜻한

wash [waʃ 와쉬] 씻다

waste [weist 웨이스트] 낭비하다

watch [wɔːtʃ 워-취] 손목시계, 지켜보다

water [wɔ́ːtər 워-터] 물

way [wei 웨이] 길, 방법

we [wiː 위-] 우리, 우리들

weak [wiːk 위-크] 약한

wear [wɛəːr 웨어-] 입다, 쓰다

weather [wéðər 웨더] 날씨

week [wiːk 위-크] 주, 1주간

welcome [wélkəm 웰컴] 환영하다

well [wel 웰] 상당히, 잘

west [west 웨스트] 서쪽, 서쪽의

wet [wet 웻] 젖은

what [wɔt 웟] 무엇

when [hwen 웬] 언제

where [wɛəːr 웨어-] 어디에

which [witʃ 위취] 어느 쪽

white [hwàit 와이트] 하얀, 흰

who [huː 후-] 누구

why [wai 와이] 왜

wide [waid 와이드] 넓은

will [wil 윌] ~일[할] 것이다

win [win 윈] 이기다

wind [wind 윈드] 바람

window [wíndou 윈도우] 창문

wing [wiŋ 윙] 날개

winter [wíntər 윈터] 겨울

with [wið 위드] ~와 함께(같이)

woman [wúmən 우먼] 여자

wonder [wΛndər 원더] 놀라움, 놀라다

wood [wud 우드] 나무

word [wəːrd 워-드] 말, 단어

work [wəːrk 워-크] 일하다

world [wəːrld 워-얼드] 세계

write [rait 라이트] 쓰다

wrong [rɔːŋ 로-옹] 나쁜, 틀린

Y

yeah [jɛə 예어] 응, 그래 <찬성/긍정>

year [jiəːr 이어-] 해, 년

yellow [jélou 옐로우] 노란색의

yes [jes 예스] 예, 응<대답>

yesterday [jéstərdei 예스터데이] 어제

yet [jet 옛] 아직

you [juː 유-] 너, 너희들

young [jΛŋ 영] 젊은

Z

zero [zírou 지로우] 영[0], 제로

zoo [zuː 주-] 동물원

해답

초등 주제별 영단어

바로바로 연습하기

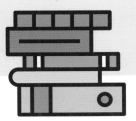

PART 1

unit 01
A 1. you 2. I 3. she
4. he 5. we
B 1. 나의 2. 나를, 나에게 3. 우리들을
4. 그들의 5. 그들을 6. 그의
C 1. They 2. mine 3. your
4. our 5. him

unit 02
A 1. girl 2. gentleman 3. boy
4. lady 5. baby
B 1. 어린이 2. 남자 3. 여자
4. 사람 5. 사람들 6. 친구
C 1. name 2. Mr. 3. Miss
4. Ms. 5. Mrs.

unit 03
A 1. south 2. north 3. middle
4. west 5. east
B 1. 이것 2. 거기에 3. 오른쪽
4. 왼쪽 5. 뒤쪽 6. 안쪽
C 1. that 2. here 3. those
4. front 5. outside

unit 04
A 1. three 2. five 3. one
4. two 5. four
B 1. 6, 여섯 2. 8, 여덟 3. 9, 아홉
4. 12, 열둘 5. 13, 열셋 6. 14, 열넷
C 1. number 2. zero 3. Seven
4. ten 5. eleven

unit 05
A 1. eighty 2. one thousand
3. one hundred 4. sixty 5. seventy
B 1. 15, 열다섯 2. 16, 열여섯 3. 17, 열일곱
4. 18, 열여덟 5. 19, 열아홉 6. 40, 마흔
C 1. twenty 2. Thirty 3. fifty
4. ninety 5. ten thousand

unit 06
A 1. sixth 2. eighth 3. fifth
4. fourth 5. seventh
B 1. 아홉째 2. 열째 3. 열두 번째
4. 열세 번째 5. 열네 번째 6. 열다섯 번째

C 1. first 2. second 3. third
4. eleventh 5. twentieth

unit 07
A 1. past 2. present 3. future
4. first 5. end
B 1. 마지막으로 2. 한때 3. 정오에
4. 앞으로 5. 언제나 6. 나중에
C 1. lately 2. midnight 3. late
4. next 5. someday

unit 08
A 1. o'clock 2. quarter 3. second
4. half 5. minute
B 1. 오후 2. 저녁 3. 밤
4. 오늘 5. 내일 6. 전날
C 1. time 2. hour 3. morning
4. tonight 5. yesterday

unit 09
A 1. Saturday 2. Tuesday 3. weekday
4. Wednesday 5. Thursday
B 1. 주중 2. 주간의 3. 지난 주
4. 이번 주 5. 다음 주 6. 매주
C 1. week 2. Monday 3. Friday
4 Sunday 5. weekend

unit 10
A 1. March 2. February 3. December
4. July 5. October
B 1. 4월 2. 6월 3. 9월
4. 11월 5. 이번 달 6. 다음 달
C 1. January 2. May 3. August
4. last month 5. every month

unit 11
A 1. spring 2. autumn 3. four
seasons 4. year-end 5. summer
B 1. 해, 1년 2. 올해 3. 내년
4. 매년 5. 기간 6. 세기
C 1. season 2. fall 3. winter
5. last year 6. the New Year

unit12
A 1. India 2. Brazil 3. Korea
4. China 5. Australia
B 1. 뉴질랜드 2. 러시아 3. 이탈리아
4. 독일 5. 스페인 6. 멕시코

C 1. America 2. United Kingdom
3. Canada 4. Japan 5. France

unit 13

A 1. Berlin 2. Sydney 3. Paris
4. Washington 5. Chicago

B 1. 일본어 2. 프랑스어 3. 이탈리아어
4. 독일어 5. 스페인어 6. 중국어

C 1. New York 2. London 3. Korean
4. English 5. Rome

unit 14

A 1. white 2. red 3. brown
4. green 5. black

B 1. 황금색 2. 은색 3. 보라색
4. 오렌지색 5. 선명한 6. 어두운

C 1. color 2. blue 3. yellow
4. gray 5. pink

unit 15

A 1. heart 2. star 3. cube
4. ring 5. oval

B 1. 선 2. 정사각형 3. 직사각형
4. 마름모 5. 오각형 6. 육각형

C 1. shape 2. dot 3. triangle
4. circle 5. cone

unit 16

A 1. lip 2. jaw 3. nose
4. ear 5. tongue

B 1. 머리카락 2. 눈썹 3. 이마
4. 속눈썹 5. 아래턱 6. 볼

C 1. face 2. head 3. eye
4. mouth 5. tooth

unit 17

A 1. arm 2. nail 3. bottom
4. palm 5. neck

B 1. 팔꿈치 2. 몸 3. 손목
4. 가슴 5. 배 6. 등

C 1. shoulder 2. hand 3. finger
3. thumb 4. waist

unit 18

A 1. toe 2. sole 3. bridge
4. toenail 5. ankle

B 1. 두개골 2. 갈비뼈 3. 심장
4. 폐 5. 간 6. 신장

C 1. leg 2. knee 3. foot
4. heel 5. bone

unit 19

A 1. father 2. uncle 3. baby
4. mother 5. grandmother

B 1. 아빠 2. 고모, (외)숙모 3. 사촌형제
4. 아들 5. 딸 6. 손자

C 1. family 2. grandfather 3. Mommy
4. brother 5. sister

PART 2

unit 01

A 1. roof 2. brick 3. pond
4. chimney 5. garage

B 1. 정원 2. 마당 3. 잔디
4. 울타리 5. 발코니 6. 지하실

C 1. house 2. gate 3. doorbell
4. wall 5. apartment

unit 02

A 1. glass 2. ceiling 3. entrance
4. floor 5. wallpaper

B 1. 응접실 2. 주방 3. 식당(방)
4. 욕실 5. 침실 6. 서재

C 1. home 2. window 3. door
5. living room 6. stairs

unit 03

A 1. remote control 2. smart phone
3. fan 4. vase 5. light

B 1. 전화기 2. 커튼 3. 충전기
4. 티테이블 5. 깔개 6. 에어컨

C 1. blinds 2. TV 3. switch
4. sofa 5. carpet

unit 04

A 1. keyboard 2. printer 3. ball
4. monitor 5. mouse

B 1. 공부방 2. 매트리스 3. 책장
4. 책상 5. 야구방망이 6. 이어폰

C 1. bunk bed 2. bookshelf 3. computer
4. alarm clock 5. jump rope

unit 05

A 1. whistle 2. drum 3. balloon

해답

	4. teddy bear	5. top			4. bottle	5. spoon	
B	1. 인형	2. 장난감	3. 꼭두각시인형	**B**	1. 의자	2. 식탁보	3. 공기
	4. 요요	5. 자석	6. 블록		4. 유리컵	5. 컵	6. 머그잔
C	1. piggy bank	2. toy	3. dice	**C**	1. table	2. bowl	3. dish
	4. puzzle	5. marble			4. chopstick	5. fork	

unit 06

unit 12

A	1. bureau	1. slipper	3. tissue	**A**	1. vest	2. shirt	3. sweater
	4. bed	5. dressing table			4. shorts	5. jeans	
B	1. 침실용 탁자	2. 시트	3. 옷장	**B**	1. 옷	2. 재킷	3. 코트
	4. 1인용 침대	5. 2인용 침대	6. 침대커버		4. 카디건	5. 드레스	5. 잠옷
C	1. bedroom	2. closet	3. hanger	**C**	1. suit	2. blouse	3. skirt
	4. blanket	5. pillow			4. pants	5. underwear	

unit 07

unit 13

A	1. shampoo	2. soap	3. razor	**A**	1. slipper	2. T-shirt	3. raincoat
	4. hair dryer	5. comb			4. socks	5. boots	
B	1. 세면대	2. 욕조	3. 변기	**B**	1. 운동복	2. 점퍼	3. 꼭 끼는
	4. 거울	5. 치약	6. 린스		4. 헐거운	5. 긴	6. 짧은
C	1. bathroom	2. shower	3. toilet paper	**C**	1. uniform	2. swimsuit	3. sneakers
	4. toothbrush	5. towel			4. shoes	5. sandal	

unit 08

unit 14

A	1. dustpan	2. scale	3. broom	**A**	1. watch	2. gloves	3. ribbon
	4. battery	5. flashlight			4. necktie	3. wallet	
B	1. 다용도실	2. 세제	3. 빨래바구니	**B**	1. 머플러	2. 스카프	3. 벨트
	4. 빨래집개	5. 빨래건조대	6. 다림질판		4. 반지	5. 귀걸이	6. 목걸이
C	1. washing machine		2. mop	**C**	1. bag	2. backpack	3. cap
	3. iron	4. vacuum	5. toolbox		4. glasses	5. umbrella	

unit 09

PART 3

A	1. blender	2. toaster	3. sponge
	4. tap	5. oven	
B	1. 장식장	2. 주방세제	3. 배수구
	4. 환기팬	5. 냉동고	6. 찬장
C	1. sink	2. gas range	3. refrigerator
	4. microwave	5. frying pan	

unit 01

A	1. salad	2. rice	3. curry rice
	4. rice ball	5. noodle	
B	1. 식사	2. 점심	3. 정식, 만찬
	4. 반찬	5. 시리얼	6. 비프스튜
C	1. Breakfast	2. supper	3. snack
	4. food	5. soup	

unit 10

A	1. tray	2. rice scoop	3. garbage
	can	4. ladle	5. knife
B	1. 식기세척기	2. 행주	3. 전기밥솥
	4. 찻주전자	5. 솥	6. 환풍기
C	1. pot	2. kettle	3. apron
	4. cutting board	5. coffee pot	

unit 02

A	1. croissant	2. hot dog	3. French
	bread	4. sandwich	5. onion ring
B	1. 프렌치프라이	2. 스파게티	3. 미트볼
	4. 그라탱	5. 오믈렛	6. 스테이크
C	1. bread	2. toast	3. hamburger
	4. pizza	5. cheeseburger	

unit 11

A	1. opener	2. plate	3. knife

unit 03
A 1. boil   2. peel   3. grind
   4. mix   5. roast
B 1. 데치다   2. 붓다, 따르다   3. 찌다
   4. 살짝 익힌   5. 적당히 익힌   6. 완전히 익힌
C 1. Cut   2. Chop   3. Bake
   4. Grill   5. fry

unit 04
A 1. jelly   2. mustard   3. jam
   4. mayonnaise   5. sugar
B 1. 간장   2. 식초   3. 드레싱
   4. 꿀   5. 식용유   6. 올리브유
C 1. ketchup   2. salt   3. pepper
   4. butter   5. cheese

unit 05
A 1. can   2. peanut   3. sausage
   4. potato   5. shrimp
B 1. 햄   2. 소고기   3. 돼지고기
   4. 닭고기   5. 연어   6. 베이컨
C 1. flour   2. egg   3. meat
   4. fish   5. vegetable

unit 06
A 1. milk   2. cocoa   3. yogurt
   4. orange juice   5. water
B 1. 토마토 주스   2. 사이다   3. 차
   4. 녹차   5. 커피   6. 맥주
C 1. drink   2. mineral water
   3. juice   4. coke   5. soda

unit 07
A 1. candy   2. pudding   3. doughnut
   4. jelly   5. cake
B 1. 애플파이   2. 포테이토칩   3. 크림 퍼프
   4. 크레이프   5. 파르페   6. 컵케이크
C 1. ice cream   2. chocolate   3. cookie
   4. popcorn   5. cotton candy

unit 08
A 1. sour   2. bad   3. bitter
   4. tasty   5. hot
B 1. 싱거운   2. 즙이 많은   3. 느끼한
   4. (맛이) 부드러운   5. 비린내 나는   6. 식욕을 돋우는
C 1. delicious   2. sweet   3. salty
   4. spicy   5. yummy

unit 09
A 1. peach   2. strawberry   3. watermelon
   4. tangerine   5. melon
B 1. 블루베리   2. 블랙베리   3. 배
   4. 감   5. 코코넛   6. 대추
C 1. fruit   2. apple   3. Banana
   4. orange   5. grape

unit 10
A 1. papaya   2. kiwi fruit   3. grapefruit
   4. plum   5. Korean melon
B 1. 라임   2. 무화과   3. 살구
   4. 여지   5. 밤   6. 석류
C 1. pineapple   2. lemon   3. mango
   4. cherry   5. avocado

unit 11
A 1. celery   2. potato   3. garlic
   4. carrot   5. tomato
B 1. 상추   2. 파   3. 배추
   4. 피망   5. 콩나물   6. 고구마
C 1. cabbage   2. onion   3. pumpkin
   4. spinach   5. ginger

unit 12
A 1. green pepper   2. eggplant   3. asparagus
   4. broccoli   5. pea
B 1. 꽃양배추   2. 무   3. 부추
   4. 깻잎   5. 비트   6. 서양호박
C 1. mushroom   2. cucumber   3. pepper
   4. parsley   5. turnip

unit 13
A 1. bean   2. almond   3. red-bean
   4. walnut   5. corn
B 1. 밀가루   2. 귀리   3. 호밀
   4. 통밀   5. 강낭콩   6. 대두
C 1. peanut   2. rice   3. Wheat
   4. barley   5. nut

PART 4

unit 01
A 1. pupil   2. principal   3. schoolgirl
   4. classmate   5. schoolboy
B 1. 교육   2. 초등학교   3. 중학교
   4. 고등학교   5. 학원   6. 가정교사

265

C 1. school   2. student   3. teacher
4. grade   5. friends

unit 02

A 1. tennis court   2. school cafeteria
3. schoolyard   4. see-saw   5. music room

B 1. 화장실   2. 트랙   3. 학교 건물
4. 교무실   5. 도서관   6. 강당

C 1. playground   2. rooftop   3. swimming
pool   4. classroom   5. gym

unit 03

A 1. map   2. book   3. schedule
4. picture   5. globe

B 1. 칠판지우개   2. 사전   3. 깃발
4. 게시판   5. 달력   6. 사물함

C 1. blackboard   2. chalk   3. desks
4. chair   5. textbook

unit 04

A 1. subject   2. mathematics
3. art   4. music   5. science

B 1. 출석   2. 결석   3. 예습
4. 복습   5. 사회   6. 역사

C 1. homework   2. exam   3. English
4. after school   5. Korean

unit 05

A 1. equal   2. speed   3. add
4.weight   5. length

B 1. 면적   2. 용량   3. 풀다
4. 계산하다   5. 4분의 1   6. 2분의 1, 절반

C 1. plus   2. minus   3. Multiply
4. divide   5. problem

unit 06

A 1. trumpet   2. organ   3. flute
4. castanets   5. cymbals

B 1. 크레용   2. 수채화   3. 유화
4. 데생   5. 서예   6. 드럼

C 1. Draw   2. paint   3. sketchbook
4. piano   5. recorder

unit 07

A 1. picnic   2. example   3. vacation
4. score   5. rest

B 1. 이해하다   2. 문제   3. 질문
4. 대답   5. 베끼다   6. 단어, 낱말

C 1. teach   2. learn   3. exam
4. pass   5. spell

unit 08

A 1. glue   2. ruler   3. paper
4. paper clip   5. scissors

B 1. 볼펜   2. 색연필   3. 연필깎이
4. 고무지우개   5. 펜   6. 스테이플러

C 1. pencil   2. pencil case   3. eraser
4. notebook   5. diary

unit 09

A 1. Post-it note   2. push pin   3. file
4. box cutter   5. thumbtack

B 1. 편지지   2. 비커   3. 형광펜
4. 자석   5. 나침반   6. 스카치테이프

C 1. compass   2. sticker   3. triangle ruler
4. envelope   5. microscope

unit 10

A 1. message   2. home page   3. laptop
4. print   5. program

B 1. 웹사이트   2. 채팅   3. 삭제하다
4. 복사(하다)   5. (복사하여) 붙이다   6. 아이디

C 1. computer   2. mouse   3. keyboard
4. e-mail   5. Click

unit 11

A 1. basketball   2. tennis   3. swimming
4. volleyball   5. table tennis

B 1. 배드민턴부   2. 연극반   3. 합창반
4. 방송반   5. 요리반   6. 서예반

C 1. soccer club   2. baseball club   3. art club
4. science club   5. newspaper class

unit 12

A 1. dance   2. concert   3. play
4. movie   5. musical

B 1. 만화   2. 만화영화   3. 사진
4. 하이킹   5. 도자기공예   6. 수집

C 1. hobby   2. music   3. comics
4. paintings   5. knitting

PART 5

unit 01
A 1. bus terminal 2. bus stop 3. taxi stand
4. parking lot 5. train station
B 1. 지하도 2. 길, 도로 3. 터널
4. 다리 5. 육교 6. 교차로
C 1. freeway 2. airport 3. harbor
4. railroad 5. subway station

unit 02
A 1. gas station 2. street 3. seat belt
4. steps 5. road sign
B 1. 길모퉁이 2. 운임, 통행료 3. 승객
4. 급행 5. 도착하다 6. 착륙하다
C 1. sidewalk 2. crosswalk 3. street light
4. traffic light 5. transfer

unit 03
A 1. bicycle 2. motorcycle 3. helicopter
4. fire engine 5. police car
B 1. 승합차 2. 셔틀버스 3. 트럭
4. 보트 5. 배 6. 여객선
C 1. bus 2. taxi 3. train
4. subway 5. airplane

unit 04
A 1. police station 2. hospital 3. school
4. post office 5. fire station
B 1. 도서관 2. 호텔 3. 사무실 빌딩
4. 게시판 5. 우체통 6. 박물관
C 1. city hall 2. bank 3. park
4. movie theater 5. trash cans

unit 05
A 1. fruit shop 2. pharmacy 3. coffee shop
4. flower shop 5. supermarket
B 1. 잡화점 2. 문방구 3. 식료잡화점
4. 할인점 5. 신발가게 6. 정육점
C 1. bookstore 2. bakery 3. ice cream shop
4. convenience store 5. department store

unit 06
A 1. barber shop 2. optician's 3. pet shop
4. photo studio 5. dry cleaner's
B 1. 공중화장실 2. 가구점 3. 부동산
4. 노래방 5. 철물점 6. 노점상
C 1. restaurant 2. traditional market

3. toy shop 4. beauty salon 5. recreation room

unit 07
A 1. picnic 2. bench 3. face
painting 4. flying kit 5. roller skate
B 1. 광장 2. 입장권 3. 놀이기구
4. 휴식 5. 게임, 경기 6. 숨바꼭질
C 1. amusement park 2. playground
3. theme park 4. roller coaster 5. skateboard

unit 08
A 1. swim 2. coach 3. throw
4. director 5. referee
B 1. 운동 2. 이기다 3. 치다
4. 규칙 5. 반칙 6. 반칙의 벌
C 1. sport 2. player 3. Cheering
4. run 5. stadium

unit 09
A 1. badminton 2. volleyball 3. bowling
4. baseball 5. ball
B 1. 럭비 2. 소프트볼 3. 하키
4. 야구장 5. 축구장 6. 농구장
C 1. soccer 2. football 3. basketball
4. table tennis 5. tennis

unit 10
A 1. fencing 2. hiking 3. weight
lifting 4. shooting 5. gymnastics
B 1. 승마 2. 스카이다이빙 3. 수영
4. 마라톤 5. 스케이팅 6. 인라인 스케이팅
C 1. sit-ups 2. push-ups 3. chin-ups
4. cycling 5. skiing

unit 11
A 1. injection 2. X-rays 3. emergency
room 4. blood type 5. cast
B 1. 종합병원 2. 치료 3. 환자
4. 환자복 5. 수술 6. 병실
C 1. clinic 2. doctor 3. nurse
4. dentist 5. ambulance

unit 12
A 1. toothache 2. headache 3. earache
4. runny nose 5. stomachache
B 1. 독감 2. 열, 미열 3. 메스꺼운
4. 가려움 5. 재채기 6. 긁힌 상처
C 1. pain 2. virus 3. germ

4. cold   5. cough

unit 13

A 1. pill   2. bandage   3. pharmacy
4. gauze   5. ointment
B 1. 약사   2. 약   3. 물약
4. 가루약   5. 감기약   6. 소화제
C 1. drugstore   2. prescription   3. medicine
4. vitamin   5. bandaid

unit 14

A 1. coin   2. cash card   3. mailbox
4. postcard   5. zip-code
B 1. 주소   2. 보내는 사람 주소   3. 돈
4. 현금   5. 저축하다   6. 환전하다
C 1. letter   2. stamp   3. parcel
4. bank   5. bankbook

unit 15

A 1. singer   2. model   3. comedian
4. announcer   5. actress
B 1. 어부   2. 운전사   3. 스튜어디스
4. 파일럿   5. 디자이너   6. 노동자
C 1. farmer   2. lawyer   3. entertainer
4. actor   5. policeman

unit 16

A 1. painter   2. hair designer   3. writer
4. athlete   5. waiter
B 1. 조각가   2. 웨이트리스   3. 번역가
4. 건축가   5. 목수   6. 이발사
C 1. fire fighter   2. chef   3. reporter
4. musician   5. engineer

PART 6

unit 01

A 1. satellite   2. alien   3. eclipse
4. comet   5. space station
B 1. 행성   2. 수성   3. 금성
4. 화성   5. 목성   6. 토성
C 1. galaxy   2. sun   3. star
4. moon   5. earth

unit 02

A 1. desert   2. island   3. sunlight
4. volcano   5. iceberg

B 1. 아시아   2. 아메리카   3. 대서양
4. 태평양   5. 위도   6. 적도
C 1. continent   2. ocean   3. sky
4. land   5. glacier

unit 03

A 1. beach   2. valley   3. stone
4. lake   5. waterfall
B 1. 언덕   2. 연못   3. 흙, 땅
4. 바위   5. 늪   6. 숲
C 1. nature   2. mountain   3. river
4. sea   5. jungle

unit 04

A 1. shower   2. fog   3. wind
4. lightning   5. typhoon
B 1. 눈보라   2. 기후   3. 온도
4. 섭씨의   5. 영하의   6. 영상의
C 1. rain   2. Snow   3. Thunder
4. cloud   5. weather forecast

unit 05

A 1. freeze   2. rainy   3. hot
4. cloudy   5. clear
B 1. 엷은 안개   2. 마른, 건조한   3. 젖은
4. 습기 있는   5. (바람이) 불다   6. (비·바람이) 심한
C 1. rainbow   2. warm   3. sunny
4. windy   5. foggy

unit 06

A 1. hippo   2. bear   3. elephant
4. giraffe   5. panda
B 1. 생명   2. 동물원   3. 애완동물
4. 얼룩말   5. 코뿔소   6. 표범
C 1. animal   2. tiger   3. lion
4. monkey   5. gorilla

unit 07

A 1. alligator   2. dinosaur   3. frog
4. squirrel   5. koala
B 1. 여우   2. 늑대   3. 너구리
4. 햄스터   5. 이구아나   6. 뱀
C 1. camel   2. chimpanzee   3. kangaroo
4. deer   5. mouse

unit 08

A 1. rabbit   2. goose   3. puppy
4. ostrich   5. cat

B 1. 암소, 젖소   2. 새끼 고양이   3. 염소
   4. 암탉   5. 수탉   6. 닭
C 1. dog   2. horse   3. pig
   4. Sheep   5. duck

unit 09
A 1. bat   2. sea gull   3. owl
   4. swan   5. peacock
B 1. 꼬리   2. 날개   3. 참새
   4. 까마귀   5. 제비   6. 까치
C 1. bird   2. nest   3. eagle
   4. parrot   5. pigeon

unit 10
A 1. cricket   2. beetle   3. firefly
   4. grasshopper   5. dragonfly
B 1. 곤충   2. 전갈   3. 나방
   4. 벼룩   5. 무당벌레   6. 바퀴벌레
C 1. worm   2. bee   3. butterfly
   4. ant   5. spider

unit 11
A 1. seal   2. lobster   3. penguin
   4. shell   5. turtle
B 1. 바다코끼리   2. 성게   3. 굴
   4. 홍합   5. 전복   6. 해초
C 1. dolphin   2. whale   3. shark
   4. crab   5. shrimp

unit 12
A 1. loach   2. squid   3. octopus
   4. puffer   5. flatfish
B 1. 가자미   2. 장어   3. 붕어, 잉어
   4. 송어   5. 꽁치   6. 정어리
C 1. fish   2. mackerel   3. tuna
   4. pollack   5. salmon

unit 13
A 1. seed   2. root   3. seeding
   4. flowerpot   5. branch
B 1. 식물   2. 껍질   3. 꽃잎
   4. 싹, 꽃봉오리   5. 꽃가루   6. 줄기
C 1. tree   2. flower   3. grass
   4. leaf   5. flower bed

unit 14
A 1. cosmos   2. carnation   3. azalea
   4. cherry blossom   5. morning glory

B 1. 개나리   2. 국화   3. 난초
   4. 수선화   5. 민들레   6. 동백
C 1. rose   2. lily   3. sunflower
   4. tulip   5. violet

unit 15
A 1. bamboo   2. ivy   3. pine tree
   4. acacia   5. cactus
B 1. 전나무   2. 참나무   3. 은행나무
   4. 포플러   5. 플라타너스   6. 덤불
C 1. fallen leaves   2. nut pine   3. cherry tree
   4. palm tree   5. maple tree

unit 16
A 1. heat   2. light   3. liquid
   4. solid   5. gas
B 1. 높이   2. 길이   3. 넓이, 폭
   4. 굵기   5. 무게   6. 세기, 힘
C 1. sound   2. power   3. fire
   4. size   5. speed

unit 17
A 1. iron   2. bronze   3. silver
   4. coal   5. oil
B 1. 수소   2. 탄소   3. 연기
   4. 증기   5. 납   6. 알루미늄
C 1. atom   2. oxygen   3. gold
   4. steel   5. metal

PART 7

unit 01
A 1. small   2. fat   3. tall
   4. long   5. thick
B 1. 높은   2. 낮은   3. 무거운
   4. 가벼운   5. 튼튼한   6. 약한
C 1. short   2. short   3. thin
   4. thin   5. large

unit 02
A 1. narrow   2. fast   3. slow
   4. tight   5. wide
B 1. 어두운   2. 밝은   3. 좋은
   4. 나쁜   5. 부드러운   6. 딱딱한
C 1. loose   2. new   3. old
   4. hot   5. cold

해답

unit 03
A 1. clean 2. dirty 3. empty
4. easy 5. rich
B 1. 젊은 2. 나이든 3. 아름다운
4. 예쁜 5. 잘생긴 6. 시끄러운
C 1. full 2. difficult 3. poor
4. ugly 5. quiet

unit 04
A 1. sad 2. dry 3. happy
4. many 5. little
B 1. 깨어있는 2. 잠자는 3. 열린
4. 닫힌 5. 값비싼 6. 값싼
C 1. wet 2. left 3. right
4. right 5. wrong

unit 05
A 1. scared 2. ill 3. healthy
4. hungry 5. angry
B 1. 아픈 2. 지루한 3. 졸린
4. 두려워하는 5. 걱정하는 6. 미친
C 1. full 2. exciting 3. surprised
4. tired 5. interesting

unit 06
A 1. write 2. paint 3. fold
4. read 5. bend
B 1. 공부하다 2. 연습하다 3. 그리다
4. 풀칠하다 5. 냄새 맡다 6. 노래하다
C 1. look 2. see 3. watch
4. listen 5. hear

unit 07
A 1. whistle 2. bite 3. kiss
4. eat 5. cut
B 1. 반복하다 2. 마시다 3. 맛보다
4. 웃다 5. 미소짓다 6. 느끼다
C 1. talk 2. say 3. speak
4. shout 5. cry

unit 08
A 1. yawn 2. kneel 3. throw
4. pull 5. push
B 1. 잡다 2. 잡고 있다 3. 건너뛰다
4. 놓다 5. 들어올리다 6. 불다
C 1. walk 2. run 3. jump
4. hop 5. kick

unit 09
A 1. dig 2. clap 3. water
4. drive 5. cook
B 1. 밥을 먹이다 2. 가리키다 3. 붓다
4. 엎지르다 5. 손을 흔들다 6. 닦아내다
C 1. go 2. come 3. Pick up
4. wash 5. carry

unit 10
A 1. swim 2. crawl 3. dance
4. break 5. sleep
B 1. 앉다 2. 일어서다 3. 쫓아가다
4. 기다리다 5. 인사하다 6. 놀다
C 1. fall 2. roll 3. climb
4. fight 5. quarrel

unit 11
A 1. between 2. in front of 3. up
4. behind 5. down
B 1. ~안에 2. ~밖에 3. ~안으로
4. ~에서부터 5. ~까지 6. ~사이에
C 1. on 2. over 3. above
4. under 5. below

unit 12
A 1. with 2. before 3. round
4. after 5. beside
B 1. ~의 2. ~에 3. ~같은, ~로서
4. ~을 위하여, ~동안 5. ~에 관하여 6. ~의 곁에
C 1. across 2. through 3. next to
4. till 5. until

unit 13
A 1. yet 2. all 3. just
4. never 5. now
B 1. 자주, 흔히 2. 한 번, 언젠가 3. 오직
4. 곧 5. 대단히, 매우 6. 함께
C 1. always 2. early 3. away
4. again 5. too

unit 14
A 1. or 2. but 3. and
4. when 5. than
B 1. 어디 2. 어느 쪽 3. 누구
4. 네 5. 오! 6. 좋아
C 1. because 2. If 3. What
4. why 5. Yeah

270